国家出版基金项目
NATIONAL PUBLICATION FOUNDATION

山地城市交通创新实践丛书

山地城市
宽容性道路设计

杨　进　邵知宇　龚华凤 ◇ 编著

重庆大学出版社

内容提要

本书为"山地城市交通创新实践丛书"之一。山地城市宽容性道路设计以提高交通安全、减少恶性交通事故为基本目标，通过道路线形及其附属设施设计，为车辆驾驶员的错误驾驶行为提供一定的"容错"空间，使其能调整驾驶状态，实现对错误驾驶行为的"纠偏"。"容错"与"纠偏"是宽容性设计技术的核心理念。

本书旨在通过介绍宽容性道路设计的基本概念、适用范围、组成要素和设计方法，为我国当前道路设计提供新的思路和方法。本书共6章，分别从发展历程、公路、施工区、城市道路、弹性设计以及分析模型六大方面，完整地介绍了宽容性理念在道路设计领域的全过程应用。

希望本书能使广大读者系统了解宽容性设计理念，同时了解西方国家的实践应用经验，为国内交通安全环境的改善提供技术参考。

图书在版编目（CIP）数据

山地城市宽容性道路设计 / 杨进，邵知宇，龚华凤
编著.-- 重庆：重庆大学出版社，2022.6
（山地城市交通创新实践丛书）
ISBN 978-7-5689-3357-5

Ⅰ.①山… Ⅱ.①杨… ②邵… ③龚… Ⅲ.①山区城
市—城市道路—设计 Ⅳ.①U412.37

中国版本图书馆 CIP 数据核字（2022）第 102533 号

山地城市交通创新实践丛书
山地城市宽容性道路设计
Shandi Chengshi Kuanrongxing Daolu Sheji
杨　进　邵知宇　龚华凤　编著
策划编辑：张慧梓　范春青　林青山
责任编辑：林青山　版式设计：夏　雪
责任校对：谢　芳　责任印制：赵　晟

*

重庆大学出版社出版发行
出版人：饶帮华
社址：重庆市沙坪坝区大学城西路 21 号
邮编：401331
电话：（023）88617190　88617185（中小学）
传真：（023）88617186　88617166
网址：http://www.cqup.com.cn
邮箱：fxk@ cqup.com.cn（营销中心）
全国新华书店经销
重庆升光电力印务有限公司印刷

*

开本：787mm×1092mm　1/16　印张：14　字数：230千
2022 年 6 月第 1 版　　2022 年 6 月第 1 次印刷
ISBN 978-7-5689-3357-5　定价：138.00 元

丛书编委会

EDITORIAL BOARD OF THE SERIES

序 一
FOREWORD

　　多年在旧金山和重庆的工作与生活，使我与山地城市结下了特别的缘分。这些美丽的山地城市，有着自身的迷人特色：依山而建的建筑，起起落落，错落有致；滨山起居的人群，爬坡上坎，聚聚散散；形形色色的交通，各有特点，别具一格。这些元素汇聚在一起，给山地城市带来了与平原城市不同的韵味。

　　但是作为一名工程师，在山地城市的工程建设中我又深感不易。特殊的地形地貌，使山地城市的生态系统特别敏感和脆弱，所有建设必须慎之又慎；另外，有限的土地资源受到许多制约，对土地和地形利用需要进行仔细的研究；还有一个挑战就是经济性，山地城市的工程技术措施比平原城市更多，投资也会更大。在山地城市的各类工程中，交通基础设施的建设受到自然坡度、河道水文、地质条件等边界控制，其复杂性尤为突出。

　　我和我的团队一直对山地城市交通给予关注并持续实践；特别在以山城重庆为典型代表的中国中西部，我们一直关注如何在山地城市中打造最适合当地条件的交通基础设施。多年的实践经验提示我们，在山地城市交通系统设计中需要重视一些基础工作：一是综合性设计（或者叫总体设计）。多专业的综合协同、更高的格局、更开阔的视角和对未来发展的考虑，才能创作出经得起时间考验的作品。二是创新精神。制约条件越多，就越需要创新。不局限于工程技术，在文化、生态、美学、经济等方面都可以进行创新。三是要多学习，多总结。每个山地城市都有自身的显著特色，相互的交流沟通，不同的思考方式，已有的经验教训，可以使我们更好地建设山地城市。

　　基于这些考虑，我们对过去的工作进行了总结和提炼。其中的一个阶段性成果是2007年提出的重庆市《城市道路交通规划及路线设计规范》，这是一个法令性质的地方标准；本次出版的这套"山地城市交通创新实践丛书"，核心是我们对工程实践经验的总结。

丛书包括了总体设计、交通规划、快速路、跨江大桥和立交系统等多个方面，介绍了近二十年来我们设计或咨询的大部分重点工程项目，希望能够给各位建设者提供借鉴和参考。

工程是充满成就和遗憾的艺术。在总结的过程中，我们自身也在再反思和再总结，以做到持续提升。相信通过交流和学习，未来的山地城市将会拥有更多高品质和高质量的精品工程。

美国国家工程院院士

中国工程院外籍院士

林同棪国际工程咨询（中国）有限公司董事长

2019 年 10 月

序 二
FOREWORD

　　山地城市由于地理环境的不同，形成了与平原城市迥然不同的城市形态，许多山地城市以其特殊的自然景观、历史底蕴、民俗文化和建筑风格而呈现出独特的魅力。然而，山地城市由于地形、地质复杂或者江河、沟壑的分割，严重制约了城市的发展，与平原城市相比，山地城市的基础设施建设面临着特殊的挑战。在山地城市基础设施建设中，如何保留城市原有的山地风貌，提升和完善城市功能，处理好人口与土地资源的矛盾，克服新旧基础设施改造与扩建的特殊困难，避免地质灾害，减小山地环境的压力，保护生态、彰显特色、保障安全和永续发展，都是必须高度重视的重要问题。

　　林同棪国际工程咨询（中国）有限公司扎根于巴蜀大地，其优秀的工程师群体大都生活、工作在著名的山地城市重庆，身临其境，对山地城市的发展有独到的感悟。毫无疑问，他们不仅是山地城市建设理论研究的先行者，也是山地城市规划设计实践的探索者。他们结合自己的工程实践，针对重点关键技术问题，对上述问题与挑战进行了深入的研究和思考，攻克了一系列技术难关，在山地城市可持续综合交通规划、山地城市快速路系统规划、山地城市交通设计、山地城市跨江大桥设计、山地城市立交群设计等方面取得了系统的理论与实践成果，并将成果应用于西南地区乃至全国山地城市建设与发展中，极大地丰富了山地城市规划与建设的理论，有力地推动了我国山地城市规划设计的发展，为世界山地城市建设的研究提供了成功的中国范例。

　　近年来，随着山地城市的快速发展，催生了山地城市交通规划与建设理论，"山地城市交通创新实践丛书"正是山地城市交通基础设施建设理论、技术和工程应用方面的总结。本丛书较为全面地反映了工程师们在工程设计中的先进理念、创新技术和典型案例；既总结成功的经验，也指出存在的问题和教训，其中大多数问题和教训是工程建成后工程师们的进一步思考，从而引导工程师们在反思中前行；既介绍创新理念与设计思考，也提供工程实例，将设计理论与工程实践紧密结合,既有学术性又有实用性。总之,丛书内容丰富、特色鲜明,表述深入浅出、通俗易懂,可为从事山地城市交通基础设施建设的设计、施工和管理的人员提供借鉴和参考。

中国工程院院士
重庆大学教授　周绪红

2019 年 10 月

前　言
PREFACE

　　宽容性道路设计以提高交通安全、减少恶性交通事故为基本目标,通过道路线形、路侧设施、标志标线等设计,为车辆驾驶员的错误驾驶行为提供一定的"容错"空间,使其能调整驾驶状态,实现对错误驾驶行为的"纠偏"。"容错"与"纠偏"是宽容性设计技术的核心理念。

　　宽容性理念诞生于 20 世纪 60 年代的美国,经过几十年的实践积累与技术优化,已成为当前国际上应用最广泛的道路设计理念之一,且产生了巨大的社会效益。以美国为例,该技术应用至今,全美车辆年运行总里程增长了 5 倍,交通事故致死率却减少了约 85%。

　　由于我国的交通安全设计起步较晚,目前对宽容性设计的推广还停留在概念阶段,尚未形成完善的应用体系。当前我国许多道路不具备"容错""纠偏"的功能,一旦驾驶者犯错,就可能会造成严重后果。

　　面对愈加复杂多变的交通系统环境,如何从道路设计角度减少交通事故的发生,降低恶性事故率,将事故中的人员伤亡与财产损失降到最低,是本书宽容性设计理念所关注的重点。尤其在当前倡导道路交通"以人为本"的背景下,宽容性设计"最小伤亡与损失"的基本设计原则,值得在国内道路工程中进行推广与应用。

　　本书通过介绍宽容性理念的发展历程和核心思想,帮助读者了解交通安全问题产生的基本原因及提升道路交通安全的重要性。同时,通过深入讨论宽容性理念在道路规划、设计及运营阶段的实际应用,希望为当前国内道路规划设计的优化提供新的思考方向,也为广大道路规划设计工作者提供案例借鉴。

　　本书内容共分 6 章。其中,第 1 章简述了国内交通安全现状及其发展趋势,介绍了宽容性道路设计理念的发展历程和核心思想,帮助读者理解交通安全问题产生的基本原因,以及通过设计提升交通安全的可行性和重要性。

第 2 章系统介绍了宽容性设计在公路工程设计中的应用,包括合理设计速度的选择、公路几何线形的确定、交通标志标线的设计,以及公路路侧设施的设计等。

第 3 章重点介绍了宽容性设计在施工区域的设计要点,包括如何设计路侧净区、临时防撞设施和交通诱导设施等。

第 4 章着重介绍了宽容性设计在城市道路环境中的应用。由于城市道路环境具有配套设施较多、交通流量较大、交通模式复杂等特点,本章内容特别区分了城市道路的宽容性设计与传统公路的不同之处,并与可持续交通、慢行交通等概念进行了整合。

第 5 章将宽容性理念中"以人为本"的设计原则进行了量化,着重关注"弹性设计"的宽容性体现,并提出了针对道路等级、道路几何以及交叉口等关键地点的诸多设计原则与方法。

第 6 章介绍了宽容性理念的应用工具——系统安全分析法和交互式安全设计模型 IHSDM。这些工具通过对新建及改建道路进行现状分析和安全评价,使道路安全问题从传统的"事后处理"模式转型为"事前预警"模式。这对提升我国道路整体设计水平具有重要的借鉴意义。

本书的编写参考了大量的基础研究和国内外现行规范标准,既可以用作道路规划设计工程师的技术指南,也可以作为城市规划建设与管理人员了解宽容性理念的参考资料,同时也可为道路工程、交通工程以及城市规划等相关专业的师生提供教学参考。

由于本书所述内容涉及面广、知识繁杂,加之编者水平与经验有限,本书难免存在不妥之处,敬请广大读者批评指正。

编　者

2022 年 1 月

目　录
CONTENTS

第1章 绪 论

1.1 道路交通安全概述

"国民经济,交通先行。"交通作为实现人或物空间位置移动的基本手段,是一个国家社会发展的基础产业和经济命脉。改革开放以来,随着我国道路交通事业迎来飞速发展,交通事故发生率也呈上升趋势,不仅造成了大量人员伤亡,也对国家的经济发展和社会稳定造成了一定的负面影响。智研咨询发布的《2019—2025 年中国交通事故现场勘查救援设备行业市场专项调研及投资战略研究报告》显示,2018 年全国共发生交通事故 244 937 起,死亡人数 63 194 人,造成直接财产损失 138 455.9 万元。

交通安全问题已引起各级政府的高度重视,国内学者也针对道路交通事故开展了大量的相关研究。本节旨在介绍国内交通安全现状和发展趋势,帮助读者理解交通安全问题产生的基本原因,明确交通安全的重要性。

1.1.1 国内道路交通安全现状

我国自 1988 年开始修建高速公路至今,道路基础设施建设经历了 30 多年的高速扩张。截至 2020 年,我国高速公路里程稳居世界第一位,达 14.6 万 km。同时,汽车工业的发展也达到了前所未有的现代化新高度。我国私人汽车保有量保持快速增长态势,至 2020 年末已经超过了 2.8 亿辆,成为全球第一。

道路里程数和汽车保有量的增加在为我国社会和经济发展作出巨大贡献的同时，也给居民生活带来了诸如交通拥堵、环境污染等多个负面效应。其中，交通事故就是最严重的、危害最大的负面效应之一。我国道路交通系统面临着严峻的考验。国家统计局的历年统计数据(图 1.1)显示，虽然自 2002 年以来我国每年交通事故死亡人数总体呈逐年下降的趋势，但每年仍高达 6 万人左右。

图 1.1　1990—2018 年交通事故死亡人数与汽车保有量变化一览

《道路交通运输安全发展报告(2017)》调查表明，近年来我国交通事故数和平均事故死亡人数仍处于高位状态，恶性事故呈多发特点(图 1.2)。

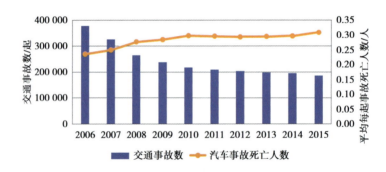

图 1.2　2006—2015 年交通事故数与平均事故死亡人数

同时，该报告也将我国的宏观交通数据与欧美等发达国家进行了对比。由图 1.3 汇总的数据可知，我国汽车保有量是美国的 61%，日本的 2.10 倍，英国的 4.26 倍，但所对应的年交通事故死亡人数却远高于这个比例。考虑交通事故死亡人数统计口径的差异(我国目前对交通事故死亡人数的统计口径是以事故发生后 7 天内的死亡人数为准，而国际主流的统计口径均为 30 天内)，"全国城市道路交通文明畅通提升行动计划"专家组组长陆化普教授指出，我国实际交通安全问题可能远大于预期。

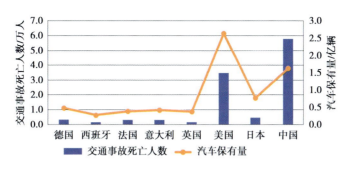

图 1.3 2015 年主要国家交通事故死亡人数与汽车保有量对比

由于人口密集、车辆类型繁多,加上地理环境复杂,道路使用者缺乏安全意识等多重原因,我国道路交通安全问题整体呈多元化和复杂化的特征,与发达国家尚存在一定差距。基于此,2019 年中共中央、国务院发布的《交通强国建设纲要》(后文简称《纲要》)将交通安全建设正式纳入国家基础设施发展规划范畴。《纲要》明确提出,要完善交通基础设施安全技术标准规范,持续加大基础设施安全防护投入,提升关键基础设施安全防护能力。这充分反映了全社会对交通安全的普遍关注,也反映了国家在交通领域的战略发展决心。

1.1.2 道路交通安全问题的由来

道路交通系统作为一个极为复杂的实时运行系统,其安全性与人、车、道路、环境等多重因素密切相关(图 1.4)。当上述任一因素出现扰动或相互矛盾时,所导致的系统内部矛盾都可能引发交通事故,甚至造成人员伤亡和经济损失。

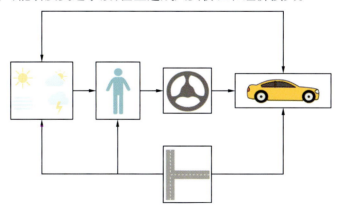

图 1.4 人-车-路-环境关系图

1)人的因素

人作为道路交通系统中的最重要的因素之一,其行为直接决定了交通事件的发展导向。通常,能够影响道路交通安全的人员包括行人、车辆驾驶员以及其他道路使用者(如自行车骑行者、交警、环卫工人等),其中又以驾驶员的行为特征为主要影响因素。

(1)行人

行人在行走过程中对交通规则的遵守,以及其交通意识,都是影响汽车行驶安全的因素之一。历年来发生的多起交通事故,很大部分都是由行人违反交通规则,如闯红灯、不走斑马线或者图方便横穿隔离带等造成的。因此,普及行人交通安全教育,加大行人过街规范力度,能够有效提升道路安全性。

(2)驾驶员

交通事故的发生与车辆驾驶员的个体差异、驾驶技术、驾驶经验及是否遵守交通法规等因素密切相关。驾驶员的不安全行为可分为违章与错误两大类。其中,违章是指对交通规则或社会认可的行为规范的违反;错误是指对正确行为路径的意外偏离。

作为有意不安全行为,违章可进一步分为一般违章和攻击性违章。前者指对交通规则的违反,而后者指带有愤怒情绪的违章,通常是针对道路上的其他使用者。张大伟等通过分析道路交通事故类型与诱因发现,超速行驶、未按规定让行、无证驾驶、逆向行驶、违法占道行驶、酒后驾驶分别位列了交通事故诱因的前 6 位(图 1.5)。以酒后驾驶为例,公安部交通管理局统计数据显示,仅 2019 年上半年,全国共查处酒驾醉驾 90.1 万起,其中导致死亡的交通事故有 1 525 起,造成 1 674 人死亡。

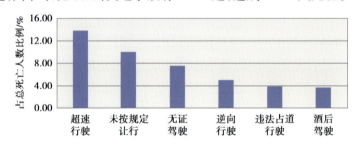

图 1.5 2006—2012 年主要交通事故的行人死亡人数比例

作为无意不安全行为,错误可进一步分为危险错误和无害失误。危险错误指驾驶过程中的重大误判或操作失误,如错判停车距离、未注意到行人车辆,或错将油门当成刹车等;而无害失误是指因注意力不集中或记忆不佳所导致的不会对周边人和事物造成伤害的失误。对青年驾驶人群而言,此类错误往往是由其自身的驾驶经验与驾驶知识匮乏所导致的;而对老年驾驶人群而言,随着年龄的增大,身体各项生理机能退化(如视觉、听觉等),可能无法对外界信息做出及时的合理反应,因此容易引发错误甚至造成交通事故。

(3)其他道路使用者

其他道路使用者包括但不限于骑行者、乘车者、交通管理人员以及其他需要在道路上停留的工作人员(图 1.6)。除了政府要建立完善的交通安全设施以保护这类群体的安全性以外,个体具备交通安全意识也是非常有必要的,如骑行者遵守交通规则,保持警惕,乘车人员勿与驾驶员随意攀谈,避免分散驾驶员注意力等。虽然我国的车辆驾驶管理机制已趋于成熟,但其他道路使用者的安全意识仍有待提升。只有进一步加强交通安全宣传教育和监管力度,才能逐步提高不同道路使用者的交通安全意识和自我防范能力。

图1.6　道路使用者的多样化发展

2)车辆行驶安全因素

车辆的行驶安全主要受制于车辆的被动安全性能与主动安全性能。被动安全性能与乘客的人身安全直接挂钩,如车身构造与耐冲击性、乘客安全装置、防火设备,以及其他与安全相关的子系统,如制动防抱死系统(ABS)等;主动安全性能与车辆的动力性能、制动性能、操纵稳定性等密切相关,关系到车辆本身的抗倾覆、抗滑移能力。

车辆的被动安全强调车身构造与相关安全装置或约束系统对人的保护,侧重于事故发生后的安全性防御。该技术最早起源于欧美,随着实际应用的推广,车辆乘员的安全条件出现了明显的改善,如图1.7所示。

车辆的主动安全重在确保驾驶员有轻松且舒适的驾驶环境,以避免事故的发生,侧重于事故发生前的安全预防。随着智能电子技术的不断发展,汽车智能安全与辅助系统已经成为目前主动安全技术发展的主流,如自适应巡航控制系统、车道保持系统、主动事故预防系统等。此外,远期以V2X(Vehicle to Everything)为代表的多源数据与信息交互技术(图1.8)也将进一步推动全方位主动安全系统向着车辆智能化、交通信息一体化的目标发展。

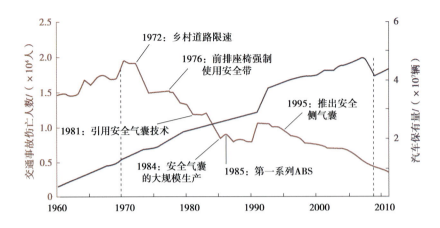

图 1.7　德国被动安全技术的发展进程

图 1.8　V2X 概念图

3)道路交通条件因素

　　道路交通条件不良往往与初期的规划设计不合理有关,如道路平纵线形组合不当、线形指标不合理、交通设施缺失或布局不当等。该类问题容易影响驾驶员对道路信息的接收与判断,从而产生交通安全隐患。值得注意的是,有些道路的设计问题仅在特定条件下才会暴露出对驾驶员的负面影响,因此在正常运营过程或工程设计方案中极难发现。如图 1.9 所示,案例路段的平纵线形组合良好且满足各项设计指标要求,然而夜间会车时,对向行驶的车辆在弯道处无法及时发现对方并采取措施避免灯光炫目,故而极易导致交通事故的发生。

（a）日间会车条件

（b）夜间会车条件

图 1.9　道路设计反面案例

4）环境天气因素

雨、雪、雾、高温等具有一定覆盖范围和强度的不利天气会影响道路能见度和路面抗滑性能，从而影响驾驶员及其他道路使用者对道路环境的判断，导致交通事故的发生。有研究指出，不利天气对交通流移动性的影响直接体现在宏观交通流特征和出行时间的变化上，如道路通行能力、交通流量、速度和密度等。不利天气是导致事故发生的直接因素之一，且事故发生频率和严重程度与不利天气的类型、强度、发生时段、持续时间等有很大关系。目前道路工程师与交通工程师们普遍采取优化标志标线的方法来降低不利天气对驾驶员的影响，或通过防撞护栏、防撞垫等被动防御措施，减少交通事故中的人员财产损失。

综上所述，人、车、路、环境作为交通系统的基本组成，须协调作业才能保证整个系统的安全，而安全是实现交通系统高效、经济、舒适运行的基础。交通系统的基本要素一直是各国学者研究的热点。美国、英国和澳大利亚的专家学者经过对大量交通事故的深入研究得出，与人有关的事故原因占总体交通事故的 93%～94%，与车有关的占 8%～9%，与道路和环境有关的占 28%～34%。由此不仅能够看出人是诱发事故的主要因素，而且与道路和环境因素有关的道路交通事故所占比例也较高。

面对愈加复杂多变的交通系统环境，如何从规划设计角度减少交通事故的发生，降低恶性事故率，将事故中的人员伤亡与财产损失降到最低，是本书宽容性设计理念所关注的重点。尤其在倡导道路交通"以人为本"的今天，宽容性设计"最小伤亡与损失"的基本设计原则，值得在国内道路工程中广泛地推广与应用。

1.2 宽容性道路设计概述

宽容性设计理念(Forgiving design concept),是以满足车辆行驶的动力学需求为设计底线,以安全舒适为道路系统设计的基本目标,通过关注道路使用者在交通环境中的生理和心理安全,为潜在交通风险提供主动引导设施和被动安全设施的一种道路设计理念。宽容性理念的核心是以人为本,提高道路"容错"和"纠偏"能力,从而最大程度地保护驾驶员不因操作或判断失误而受伤,甚至失去生命。

宽容性设计理念最早起源于 20 世纪 60 年代的美国。诞生至今,经过长期的理论研究积累与工程实践优化,宽容性设计理念成为美国道路设计体系的三大"基石"之一,也被多个国家纳入其道路设计体系。欧盟将宽容性道路设计写入 ElderSafe 项目(Risks and countermeasures for road traffic of the elderly in Europe)的总结报告,将宽容性设计方法作为提高道路交通安全的设计必要方法之一,以防范远期欧洲老年化社会的潜在交通安全风险。

本节旨在通过介绍宽容性设计的基本概念、发展历程、核心思想和适用范围,帮助广大读者了解宽容性道路设计的主要内涵与技术组成,形成对宽容性设计理念较为系统的认知。

1.2.1 发展历程

宽容性道路设计理念的诞生是美国交通基础设施经历从量变到质变的成果。自 1920 年开始,美国进入大规模公路基础设施投资建设时期,全国道路里程快速增长,并在 20 世纪 60 年代的"城市郊区化"进程中达到顶峰。与此同时,"城市郊区化"也导致了机动车出行需求急速增长,诱发了诸多交通问题。美国《2018 年国家交通统计公报》(National Transportation Statistics 2018)的统计数据显示,全美交通死亡人数和恶性事故率从 20 世纪 60 年代开始呈快速增长趋势。至 1972 年,达到了历史峰值——54 589 人。

针对当时严峻的交通安全形势,美国联邦政府通过立法、机构改革等一系列手段推动交通基础设施的可持续发展。1962—1964 年,美国联邦政府陆续批准了《联邦公路资助法案》与《城市公共交通法案》,明确了建立宜居、高效的城市交通系统的必要性;1967 年,美国联邦政府成立交通部(The Department of Transportation,简称 DOT),推动了《面向道路安全的设计与运营实践》(*Highway Design and Operational Practices*

Related to Highway Safety)的颁布,提出了宽容性道路设计理念的雏形。该书由美国国家公路及运输官员协会(American Association for State Highway and Transportation Officials,简称 AASHTO)的前身——美国公路协会(American Association for State Highway Officials,简称 AASHO)统稿并出版,是第一本与道路安全相关的技术手册。该书重点介绍了路侧交通安全隐患的处理措施与相关技术应用。此后,经过数年的工程实践,AASHO 于 1974 年对《面向道路安全的设计与运营实践》进行了更新与再版,正式提出了宽容性道路设计的基本理念,自此改变了道路设计侧重汽车行驶动力学与驾驶行车体验的传统思路。

1989 年,AASHTO 基于《面向道路安全的设计与运营实践(1974)》与《交通防撞护栏的选择、布局与设计指南》(*Guide for Selecting, Locating and Designing Traffic Barriers*)重新汇编并出版了第 1 版《路侧设计指南》(*Roadside Design Guide*,简称 RDG)。至此,以宽容性设计为核心理念的《路侧设计指南》与《道路几何线形设计手册》(*A Policy on Geometric Design of Highways and Streets*,简称 GDHS,俗称"绿皮书")、《美国交通工程设施手册》(*Manual on Uniform Traffic Control Devices*,简称 MUTCD)共同组成了美国道路设计的三大基本框架,也成为了世界各国道路设计标准学习的范本(图 1.10)。

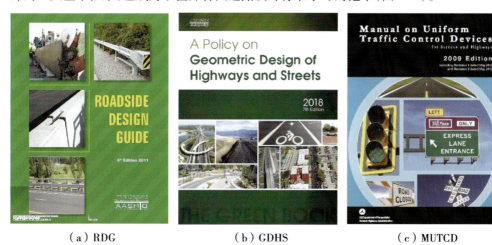

　（a）RDG　　　　　　　（b）GDHS　　　　　　　（c）MUTCD

图 1.10　美国道路设计的三大基本框架

随着宽容性道路设计的推广与应用,专家学者与工程师们逐渐认识到其巨大的社会与经济价值。宽容性设计也逐渐朝多元化、标准化、体系化的方向发展。1996 年,AASHTO 推出了第 2 版《路侧设计指南》。相比于初版,第 2 版完善了宽容性设计的基本框架,补充了与城市道路相关的设计内容,使得宽容性道路设计的应用范围进一步扩大。1998 年,在 AASHTO《道路安全战略计划》(*Strategic Highway Safety Plan*,简称 SHSP)的指导下,美国运输研究委员会(Transportation Research Board,简称 TRB)陆续出版了 *NCHRP Report 500* 等系列道路安全设计指南,共 23 卷,涵盖了危险驾驶行为、交叉口、施工区、非机动车等多个领域的道路交通安全分析、改善措施和实施方案。

至 2011 年,美国的《路侧设计指南》已经更新至第 4 版。这个阶段的宽容性设计已不局限于路侧安全设施与空间布局,还纳入了速度控制与管理、建成环境、标志标线等主动预防措施,不仅受到了专家学者们的广泛认可,也在工程应用中有效提升了道路的整体安全。同年,世界卫生组织正式在《道路安全十年行动全球计划》中提出了"推广道路安全系统和明确宽容性道路设施角色"的必要性。

根据美国官方机构的数据,自 1921 年开始记录交通死亡人数以来,美国年车辆累计行驶里程呈逐年增长的态势,而与此对应的交通事故死亡率呈逐年下降趋势,如图 1.11 所示。

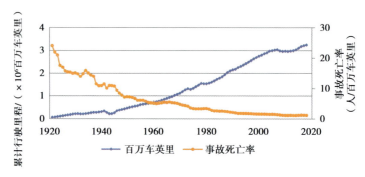

图 1.11　1921—2018 年美国历年车辆累积行驶里程与交通事故死亡率

按照时间节点分析道路交通死亡人数可知(图 1.12),全美年交通死亡人数在 1974 年前呈逐年增长的趋势,仅在"大萧条"、第二次世界大战等特殊时期出现明显的下降。而在 1974 年宽容性道路设计理念正式提出和 1989 年《路侧设计指南》的正式出版等关键节点,美国交通事故死亡人数都呈波动的下降趋势。在全美汽车保有量与国民经济平稳增长的环境下,美国交通安全的持续改善与宽容性设计理念下相关法案与政策的推动和道路设计人员的不懈努力密不可分。

图 1.12　1921—2018 年美国历年交通死亡总人数

欧盟在美国数十年的工程实践与理论基础上,进一步拓展了宽容性道路设计的基本内涵,正式发布了《宽容性路侧设计指南》(*Forgiving Roadside Design Guide*,简称 FRDG),为欧盟国家的宽容性道路设计提供技术参考。该指南进一步完善了城市道路设计的相关内容,增加了与非机动车相关的宽容性设计指引,并兼顾了对环境噪声的考虑。该指南还得到欧盟委员会 ElderSafe 项目的认可,成为应对远期老龄化社会交通出行安全问题的理论支撑。

1.2.2 核心思想

宽容性道路设计的核心思想主要体现在以下两个方面。

（1）容错

"容错"强调在交通安全事故难以避免的情况下,尽可能降低事故后的人员伤亡与财产损失,特别是尽可能避免重大人员死亡事故的发生。在该理念的主导下,设计人员应通过换位思考的方式,从驾驶员的角度思考工程设计方案可能存在的安全隐患与事故发生形式,提前排除安全隐患,为事故车辆提供"软着陆"的机会。

基于"容错"的宽容性道路设计侧重于被动交通安全措施的考虑,如路侧空间规划和路侧基础设施的设计与布局,具体表现在以下两个方面。

① 路侧空间规划。路侧空间能够为偏离车辆提供可修正的重要空间,路侧空间规划的主要内容包括路侧净区的坡度与宽度设计、边坡设计、机动车道与施工区域的过渡等。

② 路侧基础设施的设计与布局。路侧设施设计与布局能够避免因路侧障碍物引起的车辆被切割、倾覆、坠落等风险,是一种重要的被动交通安全措施。其涉及的主要内容包括解体消能设施、排水设施、防撞设施、路侧绿化等具有潜在安全风险的路侧障碍物设计。

（2）纠偏

"纠偏"强调通过速度管理与控制、道路几何线形、驾驶辅助设施等措施,对行驶车辆进行主动引导。作为"容错"理念的延伸,"纠偏"更侧重于主动引导驾驶员保持稳定的行驶状态,并纠正驾驶员的错误驾驶行为,具体表现在以下两个方面。

① 速度管理与控制。速度管理与控制是从设计速度、运行速度等着手达到安全控制行驶车辆的目的,涉及的主要内容包括事故率分析、环境影响分析、限速控制等。

② 车辆引导设施。车辆引导设施是为驾驶员提供引导的重要设施,同时具备辅助驾驶员纠正错误驾驶行为的功能,设计的主要内容包括路侧设施设计、标志标线布局等。

国外宽容性道路设计的理论、方法与技术对我国交通安全研究与工程设计均具有极大的借鉴意义。本书将立足于我国的交通安全与工程现状,结合现行国家行业标准,对比国外技术手册,分章节介绍宽容性道路设计的要素组成与应用原则。

第2章 公路区域及其设施要素设计

2.1 速度的分类

无论是在早期的道路交通规划设计中,还是在后期的交通运行评价中,速度指标都是一项不可或缺的关键指标。车辆的行驶速度与车辆性能、道路线形、驾驶习惯等多个因素密切相关。在交通环境领域,速度是评判尾气排放、能源消耗的重要指标;在交通安全领域,不同速度指标之间的一致性、交通流速度的离散程度等均是能反映交通事故风险的重要指标。因此,明确速度的分类与定义,对交通运营的经济性、安全性、便捷性和永续性都具有重要意义。

在一般的交通规划与道路设计中,速度参数主要分为以下3种。

(1)设计速度(Design speed)

设计速度又称"计算行车速度",一般指在道路交通与气候条件良好的情况下,仅受道路物理条件(如平曲线半径、纵坡、停车视距等)限制时,车辆运行所能保持的最大安全车速,是决定道路几何线形设计标准的重要指标之一。

(2)限制速度(Speed limit)

限制速度一般指在满足交通安全的条件下,道路管理者允许车辆所能达到的最高行驶速度上限或下限。在我国,限速的选取可参考《公路限速标志设计规范》(JTG/T 3381-02—2020)开展论证后取值。

(3)运行速度(Operating speed)

运行速度一般指中等驾驶技术水平的驾驶员根据实际道路条件、交通条件、良好气候条件等能够保持的安全速度。通常采用测定速度的 85%行驶速度作为运行速度,它常被用于论证限速。

通常,设计速度是限制速度的制订参考依据,一般高于或等于限制速度,而运行速度一般等于或低于限制速度。国内外许多研究表明,在高速公路或不间断快速路上,设计速度、限制速度、运行速度三者基本一致;而在间断流道路上,如城市主次干道及支路、设有红绿灯控制或其他路口交通控制的公路,设计速度高于限制速度,而限制速度高于运行速度。

其他与交通运营管理相关的速度参数还有:

①地点车速(Spot speed)。该速度一般指车辆通过某一点的瞬时车速。在实际道路运营评价和交通调查中,地点车速常是在极短的时间与较短的范围内(通常以 20～25 m 为宜)测得的行程车速代替。

②行驶车速(Running speed)。该速度由行驶某一区间所需时间(不包括停车时间)及其区间距离求得,常被用于评价区间路段的线形与通行能力分析。

③行程车速(Overall speed)。该车速又称"区间车速",是车辆行驶路程与通过该路程所需的总时间(包括停车时间)之比。行程车速是一项综合性指标,用以评价道路的顺畅程度和估计行车延误情况。

④临界车速(Critical speed)。该值又称"最佳车速",是达到道路最大通行能力时的车速。

2.2　速度的控制与管理

在交通安全领域,速度作为一个不可忽略的多维度指标,直接影响着交通事故的发生概率和严重程度。因此,明确速度与交通事故之间的关系,以及宽容性设计在车辆速度控制方面的应用,对预防交通事故,控制防护工程的建设成本具有重要意义。

本节旨在通过介绍速度与交通事故关系的相关研究,协助道路交通设计人员更好地了解速度在道路安全中的重要性,进一步推动宽容性设计在车辆速度控制与管理方面的工程应用。

2.2.1　速度与交通事故率

美国的 Solomon 自 20 世纪 50 年代起率先开始了对交通事故的研究。通过对近万起事故驾驶人的访谈与 11 个州超过 600 mile(1 mile≈1.609 km)的车速数据采集,Solomon 于 1964 年提出了著名的速度与交通事故率的关系曲线——Solomon 曲线,并在学术界引起了显著的反响。Solomon 发现,事故高发的情况往往出现于行驶速度较低的道路,而在行驶速度较高的道路,事故率反而更低,如图 2.1(a)所示。Solomon 进一步发现,该曲线的本质是平均速度差与事故率的关系,如图 2.1(b)所示。换言之,交通流平均速度差越大,事故率越高。其中,平均速度差反映了交通流中各车辆行驶速度的离散程度。其他资料如 Cirillo 的研究成果、澳大利亚道路交通管理局(Road and Traffic Authority,简称 RTA)的官方统计数据,也进一步证明了 Solomon 曲线的可靠性与合理性。同时 RTA 也认为,人的社会属性、车辆安全设施等其他因素对交通事故及其死亡率的影响同样不可忽略。

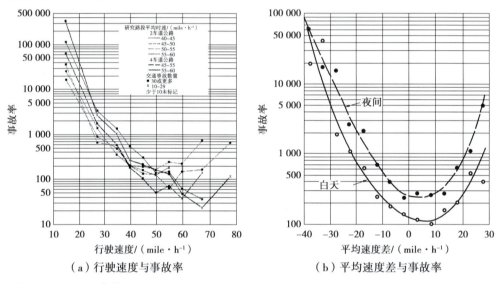

（a）行驶速度与事故率　　　　　（b）平均速度差与事故率

图 2.1　Solomon 曲线

速度差除了与交通事故率密切相关外,还直接影响事故的死亡率,尤其是针对无任何防护装备的行人或防护装备较为简单的非机动车、摩托车出行人群等。如图 2.2 所示,据欧洲交通安全委员会(European Transport Safety Counicl,简称 ETSC)统计,当车速为 32 km/h 时,车辆撞击行人的致死率仅为 5%;当车速上升至 48 km/h 时,车辆撞击行人的致死率则攀升至 45%;当车速高达 64 km/h 时,撞击行人的致死率将高达85%;而当车速达 80 km/h 时,车辆一旦撞击行人,行人的死亡率将接近 100%。

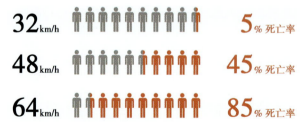

图 2.2　不同车速导致的死亡率

基于 Solomon 的研究成果,欧美国家学者开展了一系列针对速度差与事故率的研究(表 2.1)。从表 2.1 可知,合理限速对降低速度离散性和死亡事故率有显著影响。因此,各国道路交通管理机构均会定期根据道路运营情况对限速进行调整,以稳步提升交通安全性。这充分显示了速度管理与控制对于交通安全不可替代的重要性。

表 2.1　限速变化的影响研究汇总

	主要研究者	国家	限速变化	结果
限速降低	Nilsson（1990）	瑞典	110 km/h→90 km/h	死亡事故率降低了 21%
	Engel（1990）	丹麦	60 km/h→50 km/h	死亡事故率降低了 21%,仅受伤的事故率降低了 9%
	Peltola（1991）	英国	100 km/h→80 km/h	交通整体事故率降低了 14%
	Sliogeris（1992）	澳大利亚	110 km/h→100 km/h	伤亡事故率降低了 19%
	Finch, et al.（1994）	瑞士	130 km/h→120 km/h	死亡事故率降低了 12%
	Scharping（1994）	德国	60 km/h→50 km/h	交通事故率降低了 20%
限速升高	NHTSA（1989）	美国	89 km/h→105 km/h	死亡事故率增加了 21%
	McKnight, et al.（1990）	美国	89 km/h→105 km/h	死亡事故率增加了 22%
	Garber & Graham（1990）	美国	89 km/h→105 km/h	死亡事故率增加了 15%
	Streff & Schultz（1991）	美国	89 km/h→105 km/h	伤亡事故率出现了明显的增长

注:数据源于 Synthesis of Safety Research, FHWA-RD-98-154。

国内针对速度与交通事故率关系的研究起步相对较晚。1990 年,有学者指出车速与路段平均速度的差值越大,事故率越高。还有学者认为交通事故产生的主要原因是,高速条件下驾驶员动视力较低,并强调了在动视力下降和能见度降低的情况下限制行车速度的重要性。而实际工程中,基于动视力的速度与事故率分析的速度管理与控制,往往由于不同驾驶员之间的个体差异,较难从根本上明确道路本身对驾驶员的影响。

进入 21 世纪后,随着对速度管理与控制的认识逐渐加深,部分国内学者开始重视道路几何线形对速度控制的影响。冯桂炎认为道路几何线形条件作为影响实际车速的基础条件之一,对于实际车速的控制具有一定作用,并提出了运用车速频率分布曲线等要素定性、定量控制车速的方法。裴玉龙等提出了不同曲率变化下高速公路的最高与最低限速建议值,对高速公路限速的选取具有较好的借鉴意义。孙蕊与胡江碧提出了建立和完善"点(危险地点)—线(沿线监测)—面(区域管理)"结合交通工程的车速管理体系。

2010 年以后,随着信息现代化基础设施的完善,国内针对速度与交通事故率的研究出现了跨越式发展。贺玉龙等分析了速度差与事故率、速度差与事故严重程度的相关性,提出限速值的选取需要综合考虑运行速度、设计速度与其他因素。熊惠等通过模型明确了运行速度、速度差与事故率的关系,为不同设计速度下的高速公路限速值选取奠定了理论基础,其结果表明大车与小车的运行速度和速度差存在较为明显的差异,大车比例的影响具有较大的权重。

目前国内研究的事故率模型主要为指数模型,需要通过速度差数据和事故率数据散点拟合获得。由于不同地区的驾驶行为、道路特征属性等因素存在较为明显的差异,因此不同研究获得的速度差与交通事故率关系曲线的数学表达式往往存在着较大的差异,如表 2.2 所示。

表 2.2　国内速度差与事故率关系曲线的主要模型表达式

编　号	主要研究者	模型表达式
1	裴玉龙　程国柱	$R = 9.583\,9\mathrm{e}^{0.055\,3\Delta_v}$
2	孙蕊　胡江碧	$R = 10^{0.000\,602\Delta_v^2 - 0.006\,575\Delta_v - 2.23}$
3	熊惠　孙小端等	$R = \mathrm{e}^{-2.412 + 6.933 P_\mathrm{T} - 0.113\Delta_{v1} - 0.034\Delta_{85}}$

注:R—交通事故率;Δ_v—速度差;P_T—大车比例;Δ_{v1}—小车速度差;Δ_{85}—第 85 分位运行速度。

2.2.2　速度与宽容性理念

速度的管理与控制很大程度上源于驾驶者对道路环境的整体感知。比如,当同时驶入交叉口呈 90°角的两辆车速度相近时,驾驶员就有可能认为对方是低速行驶甚至是静止的;又如,障碍物的物理距离越近,驾驶者所感知的速度越高,反之越低。基于此,宽容性理念强调通过对道路线形、道路设施等的合理设计,辅助驾驶员选择合理的行驶速度,减少不必要的信息获取,从而降低驾驶负荷,减少交通事故的可能性,这也是宽容性理念"纠偏"的体现。

Herrstedt 作为较早提出速度与宽容性设计关系的学者之一,通过对三维立体标线[图 2.3(a)]、振荡标线[图 2.3(b)]和电子标志牌等特殊标志标线的研究,成功实现了对行驶速度过快和行驶速度变化过大等实际问题的有效控制。

同时,Porter 在研究道路线形设计、速度、交通安全三者的相互关系中指出,可以通过道路线形设计实现速度管理。无论是城市道路或是公路,良好的道路线形设计都能够影响驾驶者对实际运行速度的选择,从而保证设计速度与运行速度的一致性,提升道路安全。Aarts 认为,除了速度参数本身以外,标志标线、道路几何线形等因素也通过影响速度进而对交通事故率产生间接影响。Torre 进一步明确了宽容性道路与自解释(Self-explaining)道路的关系,相关内容也被纳入了 FRDG,从而正式将以速度为主要参数的自解释与宽容性道路设计关联起来。

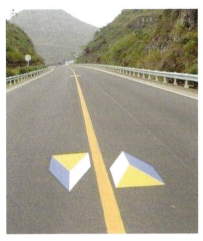

（a）三维立体标线　　　　　　　　（b）振荡标线

图 2.3　特殊标线示意图

　　综上所述，合理的速度是保证道路安全的关键因素。宽容性设计理念可以利用自主纠偏的手段，实现对速度的有效控制和管理，最大限度地保障驾驶员及道路使用者的交通安全。

2.3　道路速度的选择

　　基于上文对速度与交通事故率的研究可知，速度作为碰撞事故发生的主要因素，存在着多种表现形式，其在事故原因中所扮演的角色也十分复杂。虽然国内外相关研究多表明随着车辆速度增加，碰撞事故率和碰撞伤害程度都会提升，但这并不意味着简单地降低速度就能消除所有潜在的事故风险。因此，对于交通设计人员以及道路管理者而言，如何选择合适的设计速度、交通限速，平衡交通效率和交通安全，显得尤为重要。

　　本节将结合国内外设计速度与限速选择的相关通用技术指南、手册和标准，以我国的公路和城市道路系统为主要研究对象，帮助读者了解并熟悉与速度选择、交通安全等密切相关的国内外技术指标与速度选择方法。

2.3.1 设计速度

1) 设计速度的主要影响因素

设计速度作为影响道路几何线形的决定性指标之一,受目标运营速度、工程地形条件、周边土地性质、期望交通流组成以及道路功能定位等多重因素的影响。设计人员一旦决定了道路的设计速度,其道路几何特征就必须按照相应的建议值进行设计,如平纵曲线半径、曲线超高、停车视距、交叉口形式以及是否设置路缘石等,以保证远期道路运营中车辆行驶的安全性与稳定性。同时,交通管理部门在制订道路限速时,也会参考道路的设计速度,以美国为例,一般限速通常低于或等于设计速度。换言之,设计速度也影响着交通限速的确定。

在我国,设计人员一般根据经验统筹考虑规划道路的功能定位、服务水平、交通流组成、地形地貌等因素来确定设计速度。欧美发达国家对于设计速度的选择及其影响因素分析则较为系统,除了一般需考虑的因素外,通常还考量运行期间的交通安全情况。表 2.3 分别列出了美国 AASHTO、美国各州交通部门,以及国际通用的主要设计速度影响因素。由表 2.3 可知,道路等级与功能定位是设计速度的关键定性影响因素。

表 2.3　影响设计速度的主要因素

美国 AASHTO	美国各州交通部门	国际通用规则
(1)道路等级与功能定位; (2)城乡差异; (3)地形地势条件	(1)道路等级与功能定位; (2)法定限速及其提高值*; (3)期望交通流量; (4)期望运行速度; (5)地形地势条件; (6)远期发展情况; (7)建设成本; (8)一致性(如速度等)	(1)期望运行速度; (2)结果反馈

注:提高值*一般是指在法定限速的基础上增加 5 mph 或 10 mph(1 mph≈1.609 km/h)。

此外,道路预测交通流量与期望运行速度是确定设计速度的主要定量因素。预测交通流量反映了道路建成后在某一时期沿线一定用地范围的交通需求,同时也反映了道路使用者对交通运行效率的要求。根据不同速度水平下的速度-流量关系曲线(图 2.4)可知,理想条件下道路单车道的通行能力越大,设计速度越大。而期望运行速度在一定程度上反映了行驶车辆的安全舒适速度。通常,期望运行速度与设计速度之差的绝对值越小,道路的事故风险越小,交通事故率也越低。

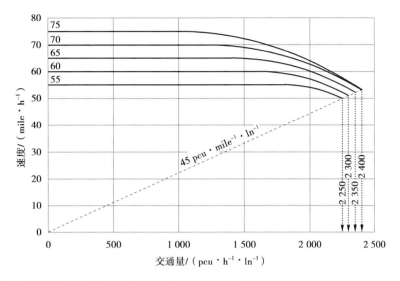

图 2.4　不同速度水平下的速度-流量关系曲线

注：1 mile≈1.609 km。

在地形地势复杂的山地区域，设计人员还需考虑工程建设成本与驾驶员的期望驾驶行为等因素。对工程建设成本的考虑主要体现在山地道路的边坡、桥梁、隧道、施工措施费用等方面。尤其针对等级较高、设计速度大的道路，为满足相应的道路几何线形标准，设计人员往往会通过增大挖填方、加设桥梁隧道等结构物来摆脱山地地形地貌和地质条件等因素的束缚，从而大大增加了工程的建设成本。驾驶员的期望驾驶行为反映了设计人员对山地道路蜿蜒曲折导致的驾驶员视距受限，雨雾天气难以准确判断前方路况，连续弯道或小半径弯道，长、大下坡等交通安全风险的考虑。

2）不同等级道路设计速度的选择

国外道路等级通常是基于道路自身的可达性与连通性进行划分。以美国为例，道路系统分为干线道路（Arterial）和非干线道路（Non-arterial），然后分别向下细分，形成国家高速公路（Freeway and express way）、主干路（Principle arterial）、次干路（Minor arterial）、主集散路（Major collector）、次集散路（Minor collector）和本地道路（Local）6大类，如图 2.5 所示。随着道路级别由高到低，道路的可达性要求增加，而连通性则相应降低，即道路两侧的开口限制降低。

我国的道路主要分为公路、城市道路和等外道路三大系统（图 2.6）。其中，公路系统主要包括了高速公路、一级公路、二级公路、三级公路与四级公路；城市道路系统基于用地服务特征，分为城市快速路、城市主干道、城市次干道以及城市支路等；等外道路是除公路系统与城市道路系统以外所有道路的统称，一般指未达到或未全部达到国家道路技术标准的道路，如农村道路、林场道路、景区或园区道路等。

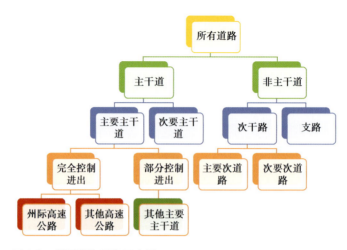

图 2.5　美国道路系统示意图

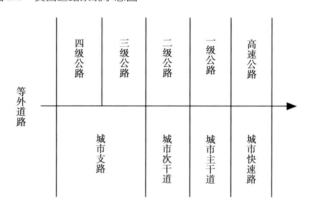

图 2.6　中国道路系统示意图

我国的道路分类体现了远近分离、通达分离、快慢分离、容量调控以及街道功能区划分的 5 大原则,但也存在一些问题。比如,分类体系仍以机动车为核心,无法充分体现城市道路的多元化发展,一定程度上限制了规划设计的灵活性;道路定义模糊,无法在设计层面明确道路尺度和道路连通性等。

值得注意的是,2019 年实施的《城市综合交通体系规划标准》(GB/T 51328—2018)的道路分类在用地服务特征的基础上,强调城市道路所承担的城市活动特征,增加了干线道路、集散道路和地方道路 3 个大类。其中,干线道路包括城市快速路和主干路,承担城市长距离连通性活动;集散道路包括次干路;地方道路包括支路。集散道路和地方道路共同承担城市长距离活动的集散以及地方性中短距离活动的组织。

本节将根据国内外城市道路的分类标准,综合考虑多种因素,对设计速度的确定提出相应建议。

（1）快速路设计速度

城市中的快速路一般与公路系统中的高速公路相对应，是强调连通性、弱化可达性的最高等级道路。作为城市区域交通运输的主动脉，城市快速路（图 2.7）是连接城市市区与近郊地区、卫星城镇、对外通道和过境通道等的主要客货运通道。因此，为了给行驶车辆提供稳定、高速、安全的行驶条件，快速路常常采用全封闭、高架桥等建设形式控制车辆进出。此外，快速路也往往通过设置最低限速来控制车辆的运行速度，以期降低限速与运行速度的离散度，从而提高交通安全。

图 2.7　城市快速路

①美国设计速度建议

"绿皮书"认为，在道路线形与交通安全允许的条件下，稳定的自由流与较高的行驶速度是高速公路或城市快速路运营的主要目的。因此，在非城市区域，美国高速公路的设计速度为 80~140 km/h，一般情况下采用 110 km/h。在受地形地势等因素制约的山地条件下，为确保设计速度与驾驶员的期望行驶速度保持一致，建议取值一般为 80~100 km/h。

在城市区域，交通出行需求量大，加上匝道控制等动态因素对交通流的制约，车辆很难在快速路段上保持自由流运行状态，因此，城市快速路的设计速度取值一般为 80~100 km/h。对个别交通流量大、通行要求高的路段，设计人员在选择大于 100 km/h 的设计速度时，应对工程沿线的土地性质、道路功能需求、周边交通出行需求，以及沿线立交建设等条件进行综合考虑。

②国内设计速度建议

针对城市快速路，《城市道路工程设计规范》（CJJ 37—2012，2016 年版）肯定了国外基于运行速度分析的定量设计速度选择方法，并基于《城市快速路设计规程》（CJJ

129—2009）提出了建议设计值 100 km/h,80 km/h,60 km/h。同时,该规范鼓励设计人员结合运行速度的概念与工程实际情况,对设计速度进行灵活取值。

针对高速公路的设计速度,《公路工程技术标准》（JTG B01—2014）中规定为 100~120 km/h,当受地形地质等条件限制时,可采用 80 km/h。仅在具有特殊困难的局部路段,经技术、经济、安全、环保等论证后,可采用较低的设计速度（最小值为 60 km/h）。

可以看出,与国际标准对比,我国实际高速公路的设计速度相对偏低。这是由于我国早期高速公路受资金短缺和施工技术落后的影响,加上货运交通占比大,重型车辆多,道路设计标准普遍采取设计速度小、线形指标低的理念。随着小汽车保有量的不断增加以及车辆性能的不断优化,高速公路的设计速度也应根据现有研究成果合理提高,从而保证设计速度与驾驶期望值的一致性。这对于提升高速公路通行能力和降低交通事故率都是非常有意义的。我国标准对城市快速路灵活取值的建议,也从侧面验证了国家对提升快速路、高速公路设计速度的普遍趋势和共识。

（2）主干道设计速度

城市主干道（图 2.8）是仅次于城市快速路的高等级道路,与公路系统中的一级公路相对应。由于设有一定数量的平面交叉口,主干道在减弱连通性的同时,其可达性得到了一定加强,它是城市道路网的基本骨架,联系了城市主要工业区、住宅区、港口、机场和车站等客货集散点,承担着城市内部的主要交通任务。因此,城市主干道设计速度的选择更加注重与城市用地性质、区域功能划分,以及与交叉道路设计速度的协同。

图 2.8 城市主干道

①美国设计速度建议

按照城市功能区域的划分,"绿皮书"将城市主干道分为了 3 种类型(城郊区域的城市主干道、一般城市区域的城市主干道、城市核心区域的城市主干道),以便于设计人员根据不同区域的城市功能特征、土地利用条件等确定城市主干道的设计速度。

在村镇等非城市区域,主干道的设计速度往往高于 70 km/h,具体的取值范围取决于村镇的地形地势条件、驾驶员的驾驶期望,以及道路周边的构筑物情况。例如,针对地形地势平坦的村镇,AASHTO 建议的主干道设计速度通常为 80~120 km/h;80~100 km/h 的设计速度适用于微丘地区;70~80 km/h 适用于地形地势起伏明显的山地地区;而针对人口聚集的村镇核心区,AASHTO 建议设计速度应取决于人口聚集区的交通出行方式与其他社区规划目标等因素。因此,该类区域的设计速度不宜过高,取值一般为 50~70 km/h。

城郊片区的主干道设计速度建议取值区间为 50~90 km/h;一般城市片区的主干道设计速度建议取值区间为 40~70 km/h;城市核心片区的主干道设计速度建议取值区间不大于 50 km/h。由上述 AASHTO 的城市主干道设计速度建议可知,越接近城市的核心商业区,主干道的设计速度越低。这不仅仅评估了人口与车辆密集程度的影响,也更深层次地考虑了不同区域车辆运行速度的主要影响因素差异。不同于城郊区域或乡村公路,城市区域主干道受到平面交叉口布局与交通控制设备的影响,交通流密度较大,车头间距偏小,车辆行驶速度也更低,尤其是城市区域存在日间通勤、上下学、客货运等活动高峰时段。因此,在城市主干道上,交通密度主要受平面交叉口信号控制、渠化条件和交通密度等因素的影响,道路几何线形对交通流行驶速度的影响十分有限。

通过对比城市区域与非城市区域的主干道设计速度一般建议值可知,不同区域的设计建议值存在着较大差异,且随着人口密度增加,设计速度建议值降低。针对上述情况,AASHTO 就如何有效协调不同区域设计速度的过渡,并确保目标交通流的运行速度差在可控的安全范围内,提出了弹性道路设计方法,以应对城乡过渡等特殊区域路段的道路设计,相关的弹性设计内容详见本书第 6 章。

②国内设计速度建议

当前我国国家标准中针对城市主干道的设计建议内容较少,《城市道路工程设计规范》(CJJ 37—2012,2016 年版)仅提出了可供选择的主干道的设计速度 60 km/h,50 km/h 和 40 km/h,但未就不同设计速度的适用条件进行具体说明。

针对与城市主干道相对应的一级公路,《公路工程技术标准》(JTG B01—2014)中的设计速度选择方法较为细致具体。针对以干线功能为主的一级公路,该标准考虑周边环境、用地性质、交通密度等条件,建议设计速度一般值为 100 km/h;在地形地势条件受限的地区,设计速度宜适当降低,取 80 km/h。针对以集散功能为主的一级公路,建议设计速度一般值为 80 km/h;而在地形地势条件受限的地区,设计速度宜适当降低,取60 km/h。

与国外类似,我国城市道路与公路的主干道(一级公路)设计速度建议值同样存在着较大的差异,但由于城市道路系统与公路系统的分立,我国并未形成与城郊区域主干道速度过渡相关的设计方法。建议设计者针对上述问题,参见本书第6章宽容性理念中弹性设计的相关信息。

(3)次干道设计速度

城市次干道与公路系统中的二级公路相对应。相对于城市主干道,城市次干道(图2.9)的平面交叉口设置更为密集,设计速度通常偏低,其连通性降低的同时,可达性得到了一定程度的增强。在城市道路系统中,该等级道路通常作为主干道路网的次级补充,是广泛联系城市各个区域部分,并兼顾交通功能与地区服务功能的集散型道路。

图2.9 城市次干道

①美国设计速度建议

在城市区域,次干道的设计速度选择应与道路沿线用地性质、人口密度、交叉口的交通控制方式等统筹考虑。如在城郊区域,次干道设计速度的理想取值为 50～90 km/h;在一般城市区域,次干道设计速度的理想取值为 50～60 km/h;在城市核心区域(如核心商业区),次干道设计速度的理想取值为 40～60 km/h。同时,"绿皮书"认为,此类速度较低的混合功能道路或街道往往是周边居民较为理想的步行场所,所以设计人员应当将步行需求纳入对设计速度的思考,以确保行人的出行安全。针对服务功能较强的城市次干道,设计人员还应兼顾考虑小汽车、公交车和非机动车等组成的混合交通流,优化设计以降低交通混行导致的安全风险。

在非城市区域,"绿皮书"建议人口聚集的村镇区域或受山地与丘陵等条件限制的区域,次干道的设计速度一般不宜大于 70 km/h;而在地形平坦、人口稀疏的区域,次干道的设计速度取值可达 80 km/h 及以上。针对具体的设计速度选择,AASHTO 将次干道设计速度的取值与设计交通量相结合,提供了如表 2.4 所示的建议值,以便设计人员就具体的工程项目进行选择。

表 2.4　AASHTO 给定的非城市区域次干道设计速度建议值

地形地势特征	设计交通量/(veh · d^{-1})		
	0~400	400~2 000	>2 000
	设计速度建议值/(km · h^{-1})		
平原地区	60	80	100
山岭微丘地区	50	60	80
山地地区	30	50	60

虽然不同区域的次干道设计速度有较大差别,但与主干道不同的是,次干道沿线的道路交叉口设置较为密集(越接近城市区域,交叉口或出入口的设置越密集),使车辆连续行驶的路段长度有限,一定程度上约束了车辆所能实现的最高行驶速度。所以,交叉口或出入口的设置也在一定程度上改善了城郊区域的速度过渡问题。

②国内设计速度建议

针对城市次干道,我国《城市道路工程设计规范》(CJJ 37—2012,2016 年版)提供的次干道的设计速度建议值为50 km/h,40 km/h 和 30 km/h,但未就不同设计速度的适用条件进行具体说明。

针对与城市次干道相对应的二级公路,我国《公路工程技术标准》(JTG B01—2014)规定,以干线功能为主的二级公路设计速度宜采用 80 km/h 的设计速度;以集散功能为主的二级公路设计速度宜采用 60 km/h 的设计速度。若是在地形地势受限的条件下,二级公路设计速度的取值可在原取值的基础上,通过技术论证与可行性分析适当降低20 km/h。

(4)支路设计速度

城市支路(图 2.10)是城市道路等级中的最低一级,与公路系统中的三级公路、四级公路对应,是城市道路网络的末梢,以服务功能为主,是打通交通出行"最后一公里"、实现城市交通"微循环"的关键。

①美国设计速度建议

由于支路等级低,具有断面车流量小、速度离散程度高的特点,"绿皮书"认为,支路的设计应与当地条件相结合,灵活采用弹性设计的理念,必要时可适当突破规范要求(详见第6章),以保证道路的安全性与经济性。

图 2.10　城市支路

在城市区域,由于城市平面交叉口对行驶车辆速度的约束,对支路设计速度的考量更侧重实现与邻近道路的兼容性。支路的设计速度取值通常为 30~50 km/h。研究表明,当支路的行驶速度大于 50 km/h 时,人车冲突的死亡概率较高(图 2.11)。因此,国外技术标准严格限制了支路设计速度,要求设计人员在确定设计速度时,兼顾对道路的路侧条件、周边步行与非机动车出行需求等其他控制因素的考虑。

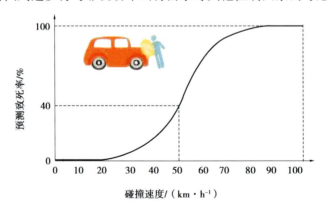

图 2.11　人车冲突死亡概率曲线

在非城市区域,设计速度的选择取决于地形地势条件、道路沿线环境以及衔接道路的设计速度。AASHTO 基于地形地势条件与日交通量给定的建议支路设计速度如表 2.5 所示。

表 2.5　AASHTO 给定的非城市区域支路设计速度建议值

地形地势特征	设计交通量/(veh·d⁻¹)				
	0~50	50~250	250~400	400~2 000	>2 000
	设计速度建议值/(km·h⁻¹)				
平原地区	50	50	60	80	80
山岭微丘地区	30	50	50	60	60
山地地区	30	30	30	50	50

②国内设计速度建议

针对城市支路,我国《城市道路工程设计规范》(CJJ 37—2012,2016 年版)提供的设计速度建议值为 40 km/h,30 km/h 和 20 km/h,但未就不同设计速度的适用条件进行具体说明。

对同等级的三、四级公路,《公路工程技术标准》(JTG B01—2014)建议三级公路设计速度宜采用 40 km/h,四级公路设计速度宜采用 30 km/h。受地形、地质等条件限制时,设计值可在原有值的基础上减少 10 km/h。

(5)互通式立交匝道设计速度

互通式立交由主线车道、匝道和匝道连接部(又称匝道端部)组成。作为道路系统中连通不同等级、标高、类型、功能道路的转换纽带,互通式立交是减少交通冲突点、提高通行效率的重要构筑物。匝道作为互通式立交的基本单元,其设计速度取决于公路所在区域的地形、地质等自然条件和交通量大小。

相关研究结果表明,互通式立交系统内部主线车道、设计建设与匝道设计速度是否协调、匝道几何线形特征等均与后期工程运营阶段的交通安全状况密切相关。Lundy 分析了美国加利福尼亚州 722 条互通式立交匝道的交通事故率数据,并根据匝道的几何特征进行了分类与归纳(如菱形匝道、喇叭形匝道、苜蓿叶匝道等)。其研究结果表明,不同类型的匝道呈现出完全不同的交通安全情况。因此,设计速度作为决定道路几何线形条件、运营期运行速度的关键因素之一,对匝道选型以及远期的交通安全十分重要。

我国对互通式立交匝道设计速度相关的研究起步较晚,与城市道路、公路设计相关的技术标准及规范等均未给出明确的匝道设计速度建议值,仅《公路立体交叉设计细则》(JTG/T D21—2014)对匝道的设计速度提出了基本控制要求:当交叉公路在象限内转弯时,互通式立体交叉范围内的设计速度可适当降低,但与相邻路段设计速度差不应大于 20 km/h。其目的在于实现互通式立交范围内主线和匝道的速度协调,保证两者间的速度一致性,确保交通安全事故率控制在允许的安全范围内。基于上述国内互通式立交相关的技术标准现状可知,如何合理选择互通式立交匝道的设计速度是我国道路设计体系中的"盲区"之一,目前尚缺少完善且具有工程实践意义的技术指导。

相比国内,国外对互通立交匝道设计速度选择的相关研究起步较早,且积累了丰富的工程实践经验,形成了系统性的匝道设计速度选择方法。如表 2.6 所示,为了确保主线道路与匝道之间速度过渡的交通安全,"绿皮书"提出了以主线道路设计速度、匝道与主线设计速度比值为控制指标的一般匝道设计速度建议取值。

表 2.6　"绿皮书"给定的一般匝道设计速度建议取值

单位:km/h

主线设计速度	50	60	70	80	90	100	110	120	130
匝道与主线设计速度比值	匝道设计速度								
上限占比(85%)	40	50	60	70	80	90	100	110	120
中间占比(70%)	30	40	50	60	60	70	80	90	100
下限占比(50%)	20*	30	40	40	50	50	60	70	80

注:* 为极困难条件下的设计速度取值,一般情况下不采用。

基于表 2.6 给出的设计速度建议值,"绿皮书"结合不同互通式立交匝道的几何特征特点、交通流向等对设计速度建议取值的选取进行了细化。

①普通右转匝道

普通右转匝道一般指几何线形简单,以直线线形为主的匝道,如菱形立交(图 2.12)的加、减速匝道。由于该类匝道通常为车辆提供了较高速度的行驶环境,其设计速度一般选用匝道与主线设计速度比值适中的建议值,即表 2.6 所示的中间占比。

图 2.12　菱形立交

②螺旋匝道

螺旋匝道常见于苜蓿叶立交(图 2.13)或部分苜蓿叶立交的设计方案中,有助于缓解主线交通流中左转交通的较大压力,或解决相交主线高差较大等问题。然而,该类匝道的劣势十分明显,如小半径曲线导致的驾驶员行车视距受限、占地面积偏大导致的建设成本偏高等问题。因此,"绿皮书"认为该类匝道应当尽可能采用较低的设计速度,其上限应不大于 50 km/h。

图 2.13　苜蓿叶立交

③双车道螺旋匝道

双车道螺旋匝道常见于转向流量偏大的互通立交节点。相对于单车道螺旋匝道,双车道螺旋匝道的设计速度还需兼顾对内、外侧车道曲线半径的考虑,以确保内侧车道行驶车辆的交通安全。根据美国交通工程师协会(Institute of Transportation Engineer,简称 ITE)的建议,双车道螺旋匝道内侧车道的曲线半径应不小于 55~60 m,否则过小的内侧车道曲线半径会增大不同车道之间的速度差异,形成潜在的交通安全隐患。

④半定向匝道

半定向匝道又称"半直连式匝道",指车辆未按转弯方向或未完全按转弯方向驶出或驶入的匝道,如左转弯时的右出右进[(图 2.14(a)]。考虑到半定向匝道的线形条件一般较好,AASHTO 建议其设计速度不应小于 50 km/h,一般取值范围为 50~60 km/h。针对个别情况下的单车道半定向匝道与双车道半定向匝道,前者的设计速度一般不宜大于 80 km/h;后者的设计速度应与主线设计速度统筹考虑,根据实际交通条件选用表 2.6 中的上限占比或中间占比的设计速度建议值。

⑤定向匝道

定向匝道又称"直连式匝道",是车辆按转弯方向直接驶入或驶出的匝道,如右转弯时的右出右进[图 2.14(b)]。该类匝道的线形条件要优于半定向匝道,预期的车辆运行速度要大于半定向匝道。因此,在"绿皮书"中,定向匝道的设计速度常采用表 2.6 中的上限占比或中间占比的设计速度建议值,且对匝道的最小设计速度作出了相应要求,即不应小于 60 km/h。

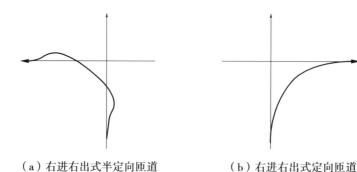

（a）右进右出式半定向匝道　　　　　　（b）右进右出式定向匝道

图 2.14　半定向匝道与定向匝道

2.3.2　限制速度

1）限制速度的分类

限速是通过降低驾驶者自由选择的速度所引起的事故风险来提高安全性,是交通管理者规范驾驶行为,保障公路安全的重要措施,也是交通执法部门执法时的主要依据。限速设置的科学性、合理性、规范性,不仅会直接影响道路交通安全,也关系到不同道路使用者的出行效率。早期相关研究表明,合理的限速管理可以有效减少交通流中车辆行驶速度的离散性,有助于降低交通事故的发生。限速的设置除了与道路本身的等级定位、线形条件等固有属性密切相关外,还与道路的基本功能、交通运行特征、沿线设施、周边用地性质、社会需求等有关。

常见限速可分为以下 5 种。

（1）局部路段限速

此类限速是由于道路的局部路段可能因沿线设施条件与道路沿途用地性质的变化,需设置低于道路整体线形与功能定位的限速值,如临时施工区、学校等所在路段,或互通式立交影响路段,隧道、桥梁、交叉口所在路段。

（2）全线单一限速

全线单一限速是基于道路等级定位、沿线环境、交通控制、管理方式、运行特征等因素,对道路全线采取的统一限速标准。在确保车辆保持安全稳定的行驶状态下,单一限速应尽量符合驾驶员预期。

（3）区域限速

此类限速往往是针对一个或多个特定区域所设置的特殊限速条件,如开放式校园区域、工业园区等。

（4）分车型限速

分车型限速是指针对不同的车型,交通管理者往往采取不同的指标对车辆的行驶速度上限进行管理。尤其在长下坡的特殊路段,管理者往往还会在分车型限速的基础上,对不同的车型进行分车道管理,以服务于爬坡能力较弱或刹车性能有限的中大型车辆,保证整体交通流的运行安全。

(5)分车道限速

分车道限速即在多车道公路上,对同向各车道分别规定相应限速值的限速方式。

2)合理设置限速的重要性

一方面,限速的遏制作用可以有效降低交通事故率和严重程度;另一方面,限速的协调作用还能降低车辆行驶速度之间的离散程度,形成均匀有序的交通流,提升交通效率和交通安全。

在进行详细的论证分析前,设计人员往往会选择设计速度或运行速度作为初始控制,对道路限速进行推算。国际上常用的限速设置法,主要以交通工程学为基础,通过对道路基础设施条件和交通运行状况进行分析,考虑道路线形、行车环境、交通控制形式等要素后确定限速。限速设置法又可细分为运行速度法、专家统计法、最佳优化法等。

虽然目前可以借助较为系统科学的方法制订限制速度,但毫无疑问的是,限速不仅属于工程技术范畴,也同时涉及交通运营和交通监管的范畴,因此限速及其背后的速度管理本质上是社会管理的一种实践形式。具象化来说,限速是道路系统一种平衡状态的体现:它既是居民、驾驶员和执法部门三者利益间的平衡,也是交通安全、事故损失和生产效率三要素之间的平衡。限制速度的合理设置,能够最大程度地避免驾驶特性与道路特征不匹配的现象,提升道路安全性,这正是宽容性设计"以人为本"理念的最佳体现。

3)限速确定方法

(1)美国限速确定方法

美国的 MUTCD 认为,限速的确定应根据以交通工程技术为基础的科学分析方法,以预测第 85 分位运行速度为论证核心,确定限速值。运行速度作为交通流运行的重要特征指标之一,往往是论证限速指标合理与否的重要依据。在有效的历史数据支撑条件下,设计人员可以根据累计速度频率分布曲线的第 85 分位运行速度,论证限制速度的上限;根据累计速度频率分布曲线的第 15 分位运行速度,论证限制速度的下限。同时,结合实际的工程条件及沿途土地利用条件对其作一定的调整。

美国的早期基础设施建设由于缺乏有效的数据支撑,几乎所有道路的限速设置均存在不合理的情况,主要表现为实际限速值远低于公认的第 85 分位运行速度。换言之,对于多数道路而言,运营期交通流中超速行驶的车辆比例要大于设计人员的预期,其原因主要是早期的限速确定往往以道路工程概况的经验判断为分析依据。如表2.7所示,美国国家公路合作研究计划(The National Cooperative Highway Research Program,简称 NCHRP)、联邦公路局(FHWA)、得克萨斯州等提供的限速调查数据证实:所有被调查道路的限速均低于第 85 分位运行速度。在城市区域,该类现象尤为严重,多数道路的限速值甚至低于第 50 分位运行速度,最低仅为累计速度频率分布曲线的第 23 分位,即有高达 77% 的车辆处于超速状态。

表 2.7　不同机构的限速值分析结果

数据来源	道路等级 （标志限速/mph）	给定速度的百分位值*，≤			数据采集点数
		标志限速	比限速增加 5 mph	比限速增加 10 mph	
NCHRP	乡村主干道(55~70)	37**	70	91	9(波特兰)
FHWA	乡村次要主干道(55)	59	87	99	9(华盛顿)
FHWA	乡村主要主干道(50~55)	72	90	98	36(华盛顿)
FHWA	乡村未分级(50~70)	64	86	97	126(明尼苏达等 5 州)
得克萨斯州	城市主干道(30~55)	31	69	91	35(休斯顿)
NCHRP	城市主干道(30~55)	32	69	92	35(波士顿等 3 州)
NCHRP	城市次干道(25~40)	23	57	86	22(休斯顿,波士顿)
NCHRP	城市支路(25~30)	52	83	96	13(波士顿,波特兰)

注:1. * 为所有站点测得速度百分位的均值;

2. ** 为受两个异常点位影响的结果;若剔除异常点后,该值为 48;

3. 1 mph ≈ 1.609 km/h。

为了避免与过去类似的限速问题,"绿皮书"列举了影响运行速度的 8 个主要因素,方便设计人员基于工程实际情况,多方向、多角度地分析目标道路运行速度。这 8 个主要因素分别是:

①平曲线半径;

②道路纵坡;

③出入口密度;

④中央分隔带条件;

⑤路内停车;

⑥信号交叉口设置密度;

⑦交通流量;

⑧行人、非机动车等慢行交通。

具体的运行速度分析方法目前是以 HCM 提出的交通分析模型为主。HCM 根据交通流的状态差异(如连续流或间断流)、道路功能差异(如高速公路、多车道公路、匝道、城市道路等)提供了适用于不同道路类型的速度分析方法与相关数学模型。由于其分析方法多样、模型复杂,此处不做一一列举,读者可参阅最新的 HCM 以了解相关内容。值得注意的是,尽管美国联邦政府的交通部门及其附属机构提供了完整的运行速度分析方法,但在实际工程中,各州交通部门会在联邦层面技术手册的基础上,进行适当的调整,形成具有地方特色的本土化方法与交通模型,以提高工程品质。

其他设定限制速度的方法还包括以下 3 种。

①专家系统法。专家系统法即限制速度由美国联邦管理局编写的计算机程序设定,利用积累的相关知识和经验,计算机模拟判断,选择最合适的限制速度。该系统存储有知识库,在得到特定的条件数据后,可模拟道路条件和分析交通状况,得出合适条件的限制速度值。实际上这种方法和工程方法类似,只要在数据库中预先输入大量样本,设置相应的条件,系统便会推荐一个样本。

②最佳优化方法。该法旨在以减少运输的总社会成本来设定限制速度。确定最佳限制车速要考虑旅行时间、车辆运营成本、道路交通事故、交通噪声和空气污染等因素。

③伤害最小化(安全体系)方法。此类方法根据可能发生的事故碰撞类型、撞击力产生的结果以及人体对这些力的耐受性来设置限制速度。

(2)国内限速确定方法

①道路限速值选取的设计考虑因素

限速的初定应根据工程既有数据信息为基础,初步确定道路的限速值。基于《公路限速标志设计规范》(JTG/T 3381-02—2020)和国外相关要求,道路限速值选取的设计考虑因素主要包括以下 7 点。

A.功能定位。对于公路而言,功能定位决定了道路的连接对象、服务距离等。限速值过高不利于控制道路的服务功能与交通的潜在安全风险,而过低的限速值会制约道路的运输效率。对城市道路而言,功能定位决定了城市道路交叉口的设置间距与控制方式。

B.技术指标。根据道路技术等级确定的设计标准包括设计速度,平、纵线形,横断面布置,车道数和宽度,视距,桥梁、隧道、路线交叉的设计指标及相互间距,平面交叉视距和交通控制形式等参数。对公路而言,技术指标通常会因路线沿途的地形条件不同,存在较为显著的差异。因此,山地丘陵地区的限速值与平原地区往往具有明显差异。对城市道路而言,受步行、非机动车出行等因素的干扰,交通控制与管理、路侧公共设施、市政公用设施等对限速的影响要远大于道路线形指标等因素。

C.运行特征。该因素主要包括交通量与交通组成(含慢行交通),运行速度,交通事故分布、数量、严重程度及原因等。无论是在公路环境还是城市道路环境下,运行特征均应是重点考虑的因素,尤其是针对道路改、扩建项目。

D.路侧干扰。路侧干扰主要包括土地利用类型(如城区、郊区、居住区、商业区等),路侧开发程度(包括建筑物的类型、数量)以及路侧非机动车与行人等。路侧干扰是城市道路和村镇公路设计的重点考虑因素。

E.沿线环境。相对于稳定的城市道路两侧环境,公路的沿线环境往往随着地区气候、海拔、经纬度等的改变而出现较大的变化。常见的公路沿线环境主要包括:地形地貌,如平原微丘、山岭重丘、高路堤、傍山、悬崖等;地域特征,如有野生动物穿行、高寒、高海拔等;沿线绿化和设施分布,如树木、照明和消防等公用设施、服务设施和管理设施等;交通气象条件,如存在影响公路局部路段行车安全的特殊天气条件等。

F.社会需求。社会需求主要包括法律法规的规定、公路建设和运营管理等部门的需求、公众对限制速度的意见和建议等。

G.工程要求。对新建道路的限速初定,设计人员应通过了解类似工程项目限速方案的实施效果,并与目标项目相结合,得出建议值;针对改、扩建道路的限速初定,设计人员应侧重于对改、扩建前竣工验收资料、运行速度及特征、历史交通事故数据等的收集。虽然改、扩建可能不会改变道路原有的几何线形指标、沿线土地利用、服务设施分布等,但改、扩建前的道路运营资料、历史交通事故数据等仍能一定程度地反映交通流的基本运行特征与问题所在,有助于进一步完善并优化限速方案。

②限速论证的方法

《公路限速标志设计规范》(JTG/T 3381-02—2020)明确提出,限速论证的方法主要有以下3种。

A.综合评价论证法。综合评价论证法借鉴了公路项目安全性评价和几何设计的原理,以保证公路基础设施的交通安全为前提,对公路项目进行交通安全综合核查和分析评价,从而确定限速路段、限速值和限速方式。综合评价论证法的原理是首先核查直接影响运营安全性的相关技术指标,然后对运行速度、交通事故等运行特征、公路穿越城镇等路侧干扰、特殊天气等沿线环境因素进行深入分析和研究,从而确定公路可提供给车辆的安全行驶速度,最后按照限速一致性与协调性的要求,确定最终限速值。综合评价论证法突出了在充分保障公路使用者安全的前提下科学提高公路通行能力和运行效率的原则。

综合评价论证法强调从整个工程的全局出发,论证各个指标的设置情况,力求在各项设计指标符合基本要求的情况下采用最优值,以达到优化运行速度的目的。

B.风险因素论证法。风险因素论证法综合考虑事故发生的可能性和严重程度,代表了安全管理现代化的方向。该方法的原理是限速值由其与公路的技术指标、运行特征、路侧干扰和沿线环境相关联的风险决定,车辆按限速值行驶时的事故风险总体要在可接受的范围内。

风险因素论证法侧重于对道路基本数据的采集与标准化分析,明确了论证路段单元的划分要求(以100 m为标准长度,最长论证路段单元长度不宜大于1 km)、不同因素对风险等级的影响等。图2.15所示为我国《公路限速标志设计规范》(JTG/T 3381-02—2020)给出的道路风险因素及其分析模型。

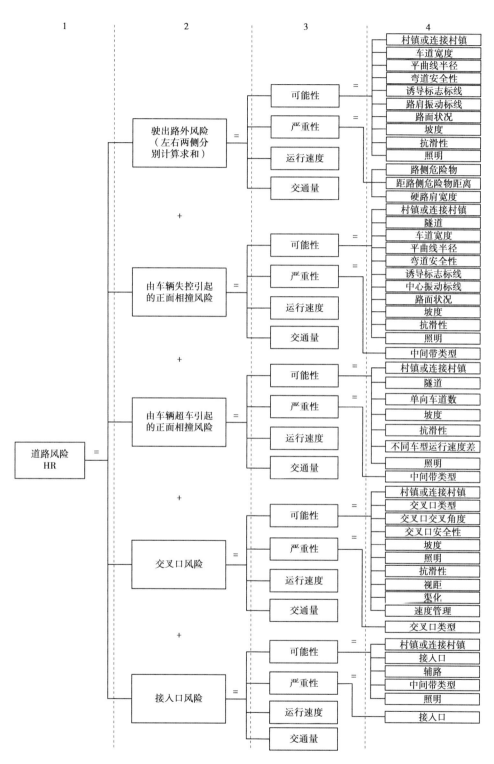

图 2.15　道路风险因素分析模型

C.运行速度论证法。该方法的原理是以运行速度为基础确定一个初定限速值,并根据公路技术指标和运行特征提高或降低限速值。

考虑各方法论证的主要影响因素和全面性,《公路限速标志设计规范》(JTG/T 3381-02—2020)建议:一般情况下,宜选用综合评价论证法;在路侧条件复杂、交通安全设施不完备,并存在一定交通安全隐患的道路环境下,可采用风险因素论证法;道路环境良好、几何线形指标优于现行公路标准的一、二级公路,可采用运行速度论证法。

当限速路段的最小长度小于规范建议值时,或限速值、限速差值要求不满足要求时,可以根据论证分析确定的结果,综合考虑交通安全、运行效率,以及管理需求,按《公路限速标志设计规范》(JTG/T 3381-02—2020)的要求对限速路段和限速值进行调整修正,确定最终限速路段和限速值。

2.4 路侧净区

路侧安全相较于整个道路设计体系,是一个相对较为年轻的概念。国际上直到20世纪70年代以后,才逐渐将路侧安全划入道路项目中进行系统设计。而利用宽容性理念进行路侧安全的设计,能够有效降低路侧区域的车辆事故发生率。2018年美国死亡事故分析报告系统(Fatality Analysis Reporting System,简称FARS)的报告显示,路侧事故占所有交通事故的39%。而在中国,2019年公安部交通管理局的交通数据指出,在造成超过3人死亡的交通事故中,路侧事故占比高达约50%。

本节详细介绍了宽容性理念在公路路侧净区内的设计原则及工程应用案例,包括道路纵坡设计、排水设施、树植、杆柱和护栏等常见道路设计元素。施工区域及城市区域的路侧净区设计,请参见第3章及第4章内容。

2.4.1 路侧净区的概念

路侧净区(Clear zone)的概念是在美国公路大发展时期与宽容性设计理念被一同提出的。路侧净区,又称路侧安全净区、路侧可返回净区或路侧空地,指从公路车行道边缘起向道路以外延伸的相对平坦、可供失控车辆重新返回正常行驶路线的带状区域(图2.16)。路侧净区主要由路肩、应急停车带、非机动车道、辅道、路侧放坡组成(图2.17)。

图 2.16 路侧净区示意图

图 2.17 一般路侧净区组成示意图

　　路侧净区概念提出的目的是允许 80%～85% 冲出道路的车辆在一定的路侧范围内安全地停下并获得控制,重新返回道路继续行驶。后来的实践证明这一设计概念可以有效地减少道路交通事故,因此被公路界人士誉为"神奇的路侧净区"。路侧净区的设计,是公路安全设计的出发点和前提条件,也是是否设置护栏,在路侧多大范围内清除、改造和防护障碍物的重要依据和判断标准。路侧净区的宽度设置往往取决于道路的几何线形、设计速度、平曲线半径和交通量等因素。

2.4.2　一般设计原则

路侧净区原则上不设置任何障碍物(如乔木、过高的灌木),以确保驶出路外的车辆在该区域内不会发生倾覆,获得有效控制,并通常能再次安全返回行车道。对由于功能或成本实在无法被移除、重置或被设计成解体消能性质的净区内障碍物,则需要设置安全护栏。

边坡的设计应保持在最大允许值以下,以便于游离或发生事故的车辆能平稳停车或在路侧调整行驶状态后返回行车道继续行车。边坡外的宽容性设计具体要求详见第2.5节。

下文给出的路侧净区的宽度设计值仅为工程建议值。宽容性理念对路侧净区建议的本质是为了传递一个关于"纠偏"空间的构建。但是,在不考虑成本的情况下一味追求净区宽度的做法是不可取的,同时设计人员也不能将路侧净区宽度建议值当作可以向外随意设置障碍物的边界。

2.4.3　宽度及坡度设计

1)宽度设计

美国 RDG 给出了在不同设计速度、交通量和路侧放坡下的路侧净区宽度建议值,如表 2.8 所示。如前文所述,此表提供的宽度仅为建议值,设计人员同时还需要考虑不同区域环境下的其他因素,如设计速度、道路等级,以及路侧环境等。对于一条交通量非常小的道路,路侧净区宽度甚至可以小于最低建议值。

表 2.8　RDG 给出的路侧净区宽度建议值

设计速度/ (km·h⁻¹)	设计日交通量/pcu	前坡坡比			后坡坡比		
		<1:6	1:4~1:5	>1:3	>1:3	1:5~1:4	<1:6
≤60	≤750[c]	2.0~3.0	2.0~3.0	[b]	2.0~3.0	2.0~3.0	2.0~3.0
	750~1 500	3.0~3.5	3.5~4.5	[b]	3.0~3.5	3.0~3.5	3.0~3.5
	1 500~6 000	3.5~4.5	4.5~5.0	[b]	3.5~4.5	3.5~4.5	3.5~4.5
	>6 000	4.5~5.0	5.0~5.5	[b]	4.5~5.0	4.5~5.0	4.5~5.0
70~80	≤750[c]	3.0~3.5	3.5~4.5	[b]	2.5~3.0	2.5~3.0	3.0~3.5
	750~1 500	4.5~5.0	5.0~6.0	[b]	3.0~3.5	3.5~4.5	4.5~5.0
	1 500~6 000	5.0~5.5	6.0~8.0	[b]	3.5~4.5	4.5~5.0	5.0~5.5
	>6 000	6.0~6.5	7.5~8.5	[b]	4.5~5.0	5.5~6.0	6.0~6.5

续表

设计速度/ (km·h⁻¹)	设计日交通 量/pcu	前坡坡比			后坡坡比		
		<1:6	1:4~1:5	>1:3	>1:3	1:5~1:4	<1:6
90	≤750ᶜ	3.5~4.5	4.5~5.5	ᵇ	2.5~3.0	3.0~3.5	3.0~3.5
	750~1 500	5.0~5.5	6.5~7.5	ᵇ	3.0~3.5	4.5~5.0	5.0~5.5
	1 500~6 000	6.0~6.5	7.5~9.0	ᵇ	4.5~5.0	5.0~5.5	6.0~6.5
	>6 000	6.5~7.5	8.0~10.0ᵃ	ᵇ	5.0~5.5	6.0~6.5	6.5~7.5
100	≤750ᶜ	5.0~5.5	6.0~7.5	ᵇ	3.0~3.5	3.5~4.5	4.5~5.0
	750~1 500	6.0~7.5	8.0~10.0ᵃ	ᵇ	3.5~4.5	5.0~5.5	6.0~6.5
	1 500~6 000	8.0~9.0	10.0~12.0ᵃ	ᵇ	4.5~5.5	5.5~6.5	7.5~8.0
	>6 000	9.0~10.0ᵃ	11.0~13.5ᵃ	ᵇ	6.0~6.5	7.5~8.0	8.0~8.5
110ᵈ	≤750ᶜ	5.5~6.0	6.0~8.0	ᵇ	3.0~3.5	4.5~5.0	4.5~5.0
	750~1 500	7.5~8.0	8.5~11.0ᵃ	ᵇ	3.5~5.0	5.5~6.0	6.0~6.5
	1 500~6 000	8.5~10.0ᵃ	10.5~13.0ᵃ	ᵇ	5.0~6.0	6.5~7.5	8.0~8.5
	>6 000	9.0~10.51	11.5~14.0ᵃ	ᵇ	6.5~7.5	8.0~9.0	8.5~9.0

注:1.a 表示易发生交通事故的特定场所,应根据表格数值适当提高净区宽度;

　　2.b 表示独立考虑车辆行驶的可恢复性与标志设置;

　　3.c 表示低流量条件下可能存在不适用的情况,应根据第 2.7、2.8 节内容进行相应调整;

　　4.d 表示当设计速度大于 110 km/h 时,净区宽度应在原表基础上适当增加。

值得注意的是,表 2.8 仅适用于道路直线段,在道路平曲线位置还应结合曲线半径作出相应调整。具体曲线修正系数如表 2.9 所示,曲线段净区宽度应为表 2.8 与表 2.9 对应值的乘积。

表 2.9　路侧净区宽度曲线修正系数

曲线半 径/m	设计速度/(km·h⁻¹)					
	60	70	80	90	100	110
900	1.1	1.1	1.1	1.2	1.2	1.2
700	1.1	1.1	1.2	1.2	1.2	1.3
600	1.1	1.2	1.2	1.2	1.3	1.4
500	1.1	1.2	1.2	1.3	1.3	1.4
450	1.2	1.2	1.3	1.3	1.4	1.5
400	1.2	1.2	1.3	1.3	1.4	—
350	1.2	1.2	1.3	1.4	1.5	—
300	1.2	1.3	1.4	1.5	1.5	—

续表

曲线半径/m	设计速度/(km·h⁻¹)					
	60	70	80	90	100	110
250	1.3	1.3	1.4	1.5	—	—
200	1.3	1.4	1.5	—	—	—
150	1.4	1.5	—	—	—	—
100	1.5	—	—	—	—	—

2)边坡设计

路侧净区的边坡设计是决定事故偏离车辆能否安全停车或恢复正常行驶的关键指标。在路侧净区不平坦的情况下,路侧设计一般会设置前坡、后坡、可穿越边坡和排水沟。边坡的设计会影响偏离车辆的驾驶轨迹和安全系数。除速度因素外,影响路侧坡度和坡长的因素还包括设计交通量、平曲线因素等指标。前坡与后坡的关系如图2.18所示。

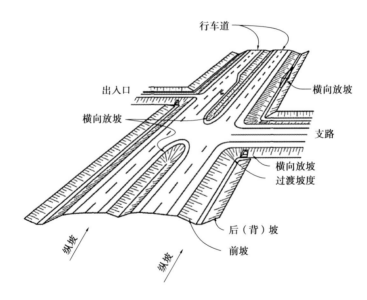

图 2.18 路侧区域前、后坡示意图

(1)前坡(Foreslope)

根据坡比与功能,前坡可分为以下 3 类(图 2.19)。

①可恢复边坡(Recoverable slope)。该类边坡坡度不超过 1:4,在偏离车辆冲出之后,事故游离车辆可减速、停车,并通过前坡返回行车道继续行驶,不存在安全隐患。对应净区范围内,不得设置如挡墙等任何固定障碍物。

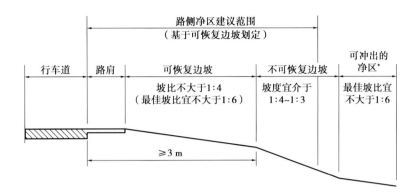

图 2.19　路侧净区前坡示意图

注：* 是路侧净区以外的空间，其宽度等于净区中不可恢复边坡的宽度。

②不可恢复边坡（Non-recoverable slope）。此类边坡坡度为 1∶4~1∶3，偏移车辆冲出之后，无法自行返回，需要外力将车辆拉回，具有一定危险性。

③危险边坡（Critical slope）。此类边坡坡度大于 1∶3，偏移车辆冲出之后，大概率会发生跳跃、翻车等行为，有致命危险。1∶3 的坡比为前坡的关键控制阈值。当前坡坡比大于 1∶3 时，必须设置防撞护栏以保护车辆。此外，针对前坡坡顶、坡脚位置，还应采用圆曲线设计，确保车辆可以安全返回或穿越到后坡。

（2）后坡（Backslope）

后坡是否可穿越取决于其本身的平整度与固定障碍物的布置情况。该区域的坡度通常不大于 1∶3，以保证后坡对车辆的导向作用。

当后坡为岩石切面时，需设置相应的防护措施，避免直接撞击造成损失。

（3）可穿越边坡（Transverse slope）

对事故车辆而言，可穿越（行驶）的边坡相较于前、后坡更加关键。可穿越边坡常应用于掉头车道、交叉口位置、桥头以及防撞护栏过渡段，如图 2.20 所示。

在新建和重建工程中，出于安全考量，可穿越边坡应尽量保持平缓，坡面保持连续性。坡顶和坡底处建议进行平滑处理，使冲出车辆能够和地面保持接触，且利于偏离车辆驶过而不致翻车。所设坡度越平坦，边坡越容易养护，安全性越高。可穿越边坡坡比的一般取值为 1∶10，但通常受实际条件影响，设计速度较高的道路其值一般取1∶6。根据与行车道边缘的距离，坡比可适当加大。坡比小于 1∶6 的，常应用于城市区域或低速设施。

图 2.20 可穿越(行驶)边坡示意图

掉头车道的可穿越横坡设计可参考图 2.21。

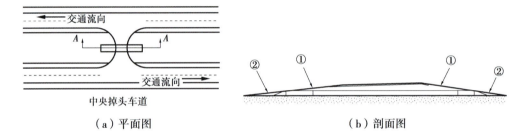

中央掉头车道

（a）平面图　　　　　　　　　　　　（b）剖面图

图 2.21 掉头车道平面及剖面图

注：1.①表示建议横坡不大于 1∶10,高运行速度与高交通流条件下的极限值为 1∶6。

2.②表示坡脚应满足建议坡比。

2.4.4 工程实例

从宏观上来讲,宽容性设计的公路建设理念和路侧净区的安全概念涉及从公路规划、设计、施工到运营的所有阶段,每一个阶段都应根据相应的方法和标准,结合具体环境,灵活地设置宽容性路侧。例如在有些条件下,路侧净区内可保留障碍物,而在其他条件下该类障碍物则必须给予遮挡或移除。路侧净区理念可以应用于一个甚至多个工程方案。下文阐述了不同类型边坡区域内,不同障碍物处理方法的鉴别和处理流程。考虑在实际项目中公路通常是建设重点,而路侧区域往往受工期、用地、资金等因素的限制而无法完全按照标准建设。因此,建设重点可以只放在改建或者防护存在安全隐患的地段,如湖泊、河流和悬崖等。

1) 路侧净区在前坡上的应用

(1) 可恢复边坡

[**案例1**] 如图 2.22 所示,前坡距道路边缘 8.4 m 处有一处涵洞端墙,路侧净空区宽度小于标准要求。设计日交通量为 4 000 pcu,设计速度为 100 km/h,坡比为 1:5。

[**案例分析**] 当涵洞端墙高度大于 100 mm 且是边坡上唯一一个障碍物结构时,建议移走端墙并将涵洞洞口按照前坡坡比要求进行修正。如边坡上还有其他障碍物,则不建议移走端墙,而需要通过分析所在地点的事故记录,分析偏移车辆可能出现的位置和状态,再决定是否需要对所在地点采取特殊处理。

建议净区宽度:10~12 m。

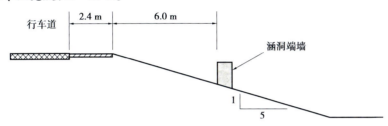

图 2.22　案例 1 路侧净区示意图

[**案例2**] 如图 2.23 所示,前坡距道路边缘 1.2 m 处有植被,路侧净空区宽度小于标准要求。设计日交通量为 300 pcu,设计速度为 60 km/h,坡比为 1:10。

[**案例分析**] 如果由分析得出此路段有较多路侧事故,建议设置安全护栏对树植进行防护,或将树植进行迁移。如果路侧事故率较低,或树植较多但仅有零星几棵位于路侧较近处,则不需要采取任何措施。由交通量可知,此路段属于低流量路段,在采取任何措施的同时,也需综合考虑地形、成本、路权以及迁移树植所造成的环境和社会影响等因素。

建议净区宽度:2~3 m。如果因为实际条件无法迁移树植,可以设置小于 2 m 的净区宽度。

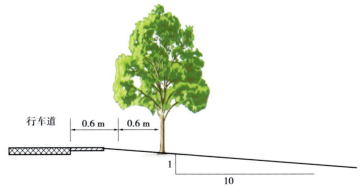

图 2.23　案例 2 路侧净区示意图

（2）不可恢复边坡

当不可恢复边坡（坡比为1∶4~1∶3）坡面光滑且无障碍物时，认为此区域是可穿越的。但出于安全考虑，仍需在不可恢复前坡的坡底处设置一个明确的冲出区域，给偏离车辆在陡坡处提供继续向外行驶的缓冲区域。冲出区域的范围应该根据路侧净区总宽度减去行车道边缘与可恢复或不可恢复边坡边界之间的有效距离（RDG规定不得小于3 m）决定，所得数值即是不可恢复边坡以外需设置的冲出区域建议宽度。

不可恢复边坡的坡顶及坡底处应采用平滑处理，避免冲出车辆腾空飞起或侧翻，从而降低事故严重性。

[案例3]图2.24所示路段设计日交通量为7 000 pcu，设计速度为100 km/h，坡比为1∶8和1∶10。参考表2.8，此种情况下的净区宽度建议值为9~10 m。其中，有效可恢复区域宽度为7 m，不可恢复的边坡宽度为2~3 m。根据表2.8可知，冲出区域建议值为2~3 m。

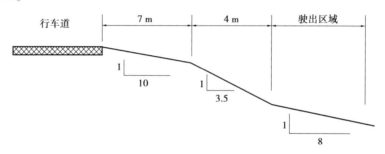

图2.24 案例3路侧净区示意图

（3）危险边坡

当坡比大于1∶3时，偏离车辆更易面临翻车的危险。如果在公路路侧发现陡峭的危险边坡，需要根据具体情况对此区域进行处理。除开展常规的软处理（如使坡顶坡底尽可能保持平滑，避免积水，移除障碍物等）外，还需设置路侧护栏进行一定防护。护栏种类的选择和设置原则请详见2.8节。

因此要尽量使边坡保持平缓，对坡面进行软处理，不能高低不平，不能有积水，也不要有异物或者树木。

2）路侧净区在可变边坡上的应用

可变前坡常在新建工程中出现，这主要是为了在车道和较为陡峭的前坡之间提供一个相对平缓的可返回区域。这种设计比连续、平缓的前坡需要更少的路侧空间和路基填方，一般被称为谷仓顶端（Barn-roof）。可变前坡的净区可根据变化坡比的平均值（坡比可从完全平坦变化到1∶4）计算宽度，但RDG还是建议可变边坡的净区宽度按照表2.8中坡比较大的情况进行设计，以保证路侧安全。如果净区内有前坡和后坡不能平均化处理，应设计成排水边沟，其可跨越性分析见图2.25和图2.26。如果前坡很宽，则计算净区时仅需要考虑前坡。

值得明确的是,图 2.25 和图 2.26 给出的排水边沟横截面为理想值,其本身不会构成危险,也无须建在净区外。

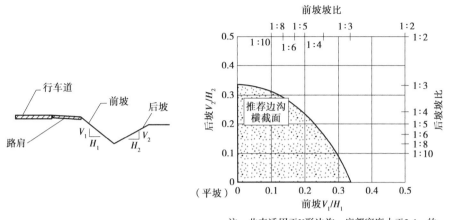

注:此表适用于V形边沟、底部宽度小于2.4 m的圆形边沟和底部宽度小于1.2 m的梯形边沟。

图 2.25　坡比突变边沟的推荐横截面结构

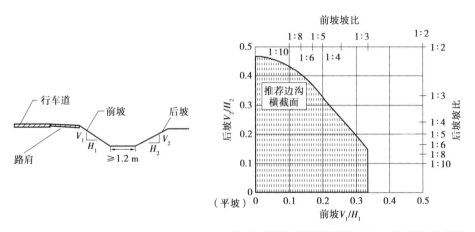

注:此表适用于底部宽度不小于2.4 m的圆形边沟和底部宽度不小于1.2 m的梯形边沟。

图 2.26　坡比渐变边沟的推荐横截面结构

3)路侧净区在辅助车道和匝道上的应用

当辅助车道为直通车道时(如高速公路上的变速车道),公路路侧净区的宽度应取由行车道和邻近辅助车道得出净区宽度较宽的值。通过车道的路侧净区宽度应包含辅助车道,而辅助车道的净区宽度应根据设计速度、交通量、平曲线曲率和相邻边坡情况而定。对辅助车道来说,其设计速度应由匝道终点的最小加速和最小减速长度得出的运行速度(V_a)决定。常规高速公路的变速车道和非直通车道的辅助车道(如平面交叉口的转弯车道)不需要单独设置路侧净区。高速公路变速车道示例参见案例 4。

匝道的建议路侧净区宽度可基于速度、交通量、道路平曲线和匝道几何线形确定。因为匝道长度有限,往往存在着很多急转弯,驾驶员容易驶出驾驶区域,因此规划者应充分考虑这种情况并采用保守的方法来计算净区宽度。此类净区宽度可以根据"绿皮书"中简化曲线公式计算的匝道设计速度得出。匝道设计速度不包括 300 m 或更长的过渡段,因为过渡段可以被视为变速道的延伸,其速度可以与相邻的直线车道或变速道保持一致。

对于简单的匝道(如环形匝道和对角匝道),应用匝道本身的设计速度和交通量来确定净区宽度建议值。当匝道包含复合曲线和反向曲线道路时,净区宽度可采用设计速度更高的道路进行计算(不包括过渡曲线)并用于整个匝道,具体可参考案例 5。

对于具有多重曲线半径和运行速度的复杂匝道,可将匝道分段确定不同的净区宽度,如案例 6 所示。

另外,也可以按照前期类似项目或由设计经验设置固定的净区宽度,为同类路段提供统一模板,以增强路侧设计和维护的实用性。

[**案例 4**]某公路路段行车道的设计日交通量>6 000 pcu,设计速度为 110 km/h,坡比为 1:6,建议净区宽度为 9.0 m(参考表 2.8)。变速车道设计日交通量<750 pcu;设计速度为 90 km/h。变速车道净区横截面及平面示意图如图 2.27 所示。

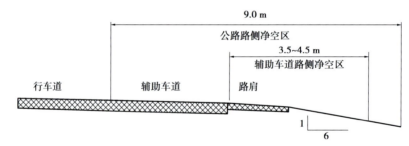

(a)变速车道净区横截面示意图

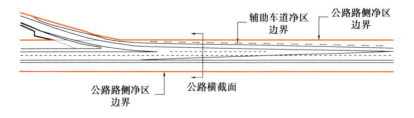

(b)变速车道净区平面示意图

图 2.27 变速车道净区横截面及平面示意图

[**案例讨论**]辅助车道和行车道的设计速度不同时,建议净区宽度取两者净区宽度的最大值[见图 2.27(b)中红线部分]。匝道净区详见案例 5 和案例 6。

[案例 5]

（1）曲线 1（图 2.28）

设计日交通量<750 pcu，设计速度为 90 km/h，曲率半径为 300 m。

对坡比为 1:6 的前坡内半径，建议净区宽度:3.5~4.5 m（参考表 2.8）。

对坡比为 1:6 的前坡外半径，建议净区宽度:$CZ_c=L_cK_{cz}=(3.5\sim4.5)$ m×1.5=5.3~6.8 m（参考表 2.8 和表 2.9）。

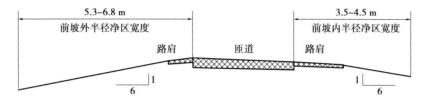

图 2.28　一般匝道净区横截面示意图（曲线 1）

（2）曲线 2（图 2.29）

设计日交通量<750 pcu，设计速度为 50 km/h，曲率半径为 73 m。

对坡比为 1:6 的前坡内半径，建议净区宽度:2.0~3.0 m（参考表 2.8）。

对坡比为 1:6 的前坡外半径，建议净区宽度:$CZ_c=L_cK_{cz}=(2.0\sim3.0)$ m×1.5=3.0~4.5 m（参考表 2.8 和表 2.9）。

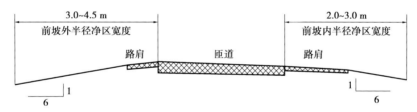

图 2.29　简单匝道净区横截面示意图（曲线 2）

[案例 6]

（1）曲线 1（图 2.30）

设计日交通量<750 pcu，设计速度为 90 km/h，曲率半径为 300 m。

对坡比为 1:6 的曲率半径内前坡，建议净区宽度:3.5~4.5 m（参考表 2.8）。

对坡比为 1:6 的曲率半径外前坡，建议净区宽度:$CZ_c=L_cK_{cz}=(3.5\sim4.5)$ m×1.5=5.3~6.8 m（参考表 2.8 和表 2.9）。

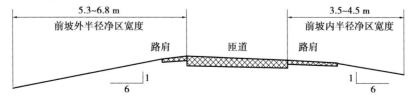

图 2.30　复杂匝道路侧净区横截面示意图（曲线 1）

（2）曲线 2（图 2.31）

设计日交通量<750 pcu，设计速度为 50 km/h，曲率半径为 73 m。

对坡比为 1:6 的曲率半径内前坡，建议净区宽度:2.0~3.0 m(参考表 2.8)。

对坡比为 1:6 的曲率半径外前坡，建议净区宽度:$CZ_c = L_c K_{cz} = (2.0~3.0)$ m×1.5 = 3.0~4.5 m(参考表 2.8 和表 2.9)。

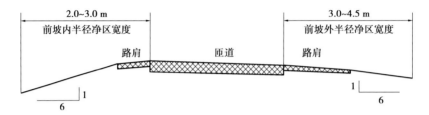

图 2.31　复杂匝道路侧净区横截面示意图（曲线 2）

（3）曲线 3（图 2.32）

设计日交通量<750 pcu，设计速度为 60 km/h，曲率半径为 300 m。

对坡比为 1:4 的曲率半径内前坡，建议净区宽度:2.0~3.0 m(参考表 2.8)。

对坡比为 1:4 的曲率半径外前坡，建议净区宽度:$CZ_c = L_c K_{cz} = (2.0~3.0)$ m×1.2 = 2.4~3.6 m(参考表 2.8 和表 2.9)。

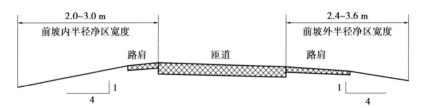

图 2.32　复杂匝道路侧净区横截面示意图（曲线 3）

（4）曲线 4（图 2.33）

设计日交通量<750 pcu，设计速度为 80 km/h，曲率半径为 300 m。

对坡比为 1:6 的曲率半径内前坡，建议净区宽度:3.0~3.5 m(参考表 2.8)。

对坡比为 1:6 的曲率半径外前坡，建议净区宽度:$CZ_c = L_c K_{cz} = (3.0~3.5)$ m×1.4 = 4.2~4.9 m(参考表 2.8 和表 2.9)。

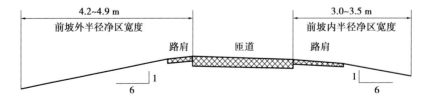

图 2.33　复杂匝道路侧净区横截面示意图（曲线 4）

[**案例讨论**]图 2.34 提供了复杂匝道的路侧净区范围界定建议。另一种替代方案为：可根据前期类似项目或设计经验设置固定净区宽度 9 m，详见案例 4。

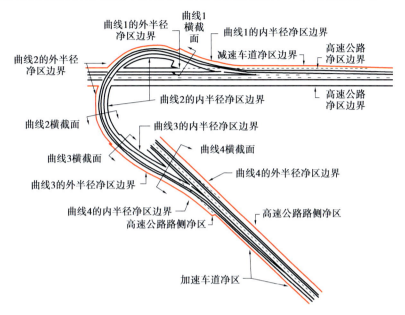

图 2.34　复杂匝道的路侧净区平面示意图

2.4.5　路侧设施设计

路侧净空区域内存在的排水系统、路缘石、树植、杆柱、消防栓等设施，都被定义为路侧设施，又称"路侧障碍物"。虽然从安全的角度来看，实现可穿越的无障碍路侧是每一个工程项目的理想状态，但在现实情况下，行车道附近不可避免地需要设置一些公路附属设施。路侧设施在为公路提供相应服务的同时，也可能导致失控车辆发生事故。车辆与这一类路侧设施出现的侧面碰撞统称为侧面柱碰撞。由于障碍物的刚度很大且接触面较小，对车辆侧面局部侵入量要远大于侧面碰撞，因此对车内乘员造成的伤害非常严重。据统计，在我国由于路侧碰撞事故而导致死亡的案例中有 38% 是因为乘员的头部撞到树或杆上。据调查，在京津塘全线内，路侧障碍物碰撞事故可占到全线交通事故的 10%。而美国公路安全保险协会（Insurance Institute for Highway Safety，简称 IIHS）统计的数据表明，美国境内每年共有超 7 000 人在路侧障碍物碰撞事故中丧生，占全国所有交通死亡事故的 20%。另外，路侧设施也可能阻碍驾驶员的视线，影响可视范围，成为公路安全隐患。

我国《公路项目安全性评价规范》（JTG B05—2015）参照国外经验建议设置路侧净区，并禁止在净区内出现无防护的障碍物。由此可见，合理设置路侧设施，进一步提升公路路侧安全，减少道路隐患，已经成为国内道路设计的共识。但由于缺乏强制性规定,目前尚无成熟的设计标准供参考,本节主要依据美国"绿皮书"及 RDG,对路侧设施的相关建议进行简要介绍。

RDG 中提到,根据路侧设施的差异,宽容性设计的主要处理方式从以下四大原则(图 2.35)入手:移除、修正、隔离、预测。

图 2.35　宽容性设计处理四大原则

在工程应用中,路侧设施的建设和优化应按照以上原则的先后次序来确定。例如,移除障碍物是最好的选择。如果不能移除,尽量选择重置或重新设计来降低防线。预测手段作为所有措施都不可施行的最后选项,为驾驶者提供警示。

针对不同路侧设施种类,宽容性路侧安全设计应遵守以下 5 点主要原则,具体原则将在 2.5—2.10 节中进行具体介绍。

①交通信号灯。交通信号灯的类型大致分为立柱式或悬臂式。前者一般安装在邻近行车道区域或中央分隔带,必须使用解体消能结构(详细要求见 2.5 节);后者通常采用防撞垫等设施代替解体消能结构,以避免倒塌后对整个交通断面造成影响。

②信号灯的附属设施。对信号灯的附属设施(如控制箱等)而言,宜尽可能远离行车道,避免对转弯车辆形成视距阻碍,原则上不得设置在路侧净区(城市区域的安全净区范围可参考第 4 章相关内容)。

③城市监控设施。此类设施通常与交通信号控制设备配套设置,由于其类型、结构相近,故可参考城市信号灯及其附属设施的内容进行设置。

④路侧硬件设施。此类设施不应设置在排水沟底部或排水沟附近的后坡上。因为任何偏离车辆都有可能会陷入路侧排水管道底部或者驶入后坡,在这种情况下,车辆极易和路侧设施发生碰撞而造成严重的人身伤害。即使是解体消能设施,也不能发挥其应有的作用,因为偏离车辆可能腾空飞起或沿边道滑行。

⑤路侧绿化。路侧绿化是城市区域最常见的路侧障碍。通常情况下,相较于对绿植的处理,应优先考虑完善路内标志标线来实现路侧宽容性设计。如:优化路面标线;使用振荡标线(又称"噪音标线");完善沿线标志;提升路面质量;设置防撞护栏、防撞垫等。

2.5　交通标志——解体消能结构

从安全角度出发,设计者不希望路侧净区内存在任何障碍物,但公路的沿线标志和照明等设施又必须设置在行车道附近以实现其功能,因此路侧设施和路侧安全要求是一对矛盾体。基于此,解体消能结构作为一种能较好地平衡路侧效用与安全问题的设施,在 20 世纪 60 年代中期被提出后逐渐成为宽容性路侧设计理念的基础。

美国 FARS 的数据显示,路侧障碍物导致的交通致死事故中,杆柱碰撞是除了树植碰撞以外的最大致死因素。其他主要因素分别是交通护栏、路堤、边沟等。

作为路侧净区内人为设置障碍物的主要结构,解体消能结构旨在减少路侧杆柱等构造物的刚度,确保事故车辆偏离正常行驶方向撞击路侧设施时,设施自身解体变形以降低车辆动能,使得车内人员伤害最小化。该类型结构充分体现了宽容性设计的基本理念。

由于国内对解体消能结构的应用尚未普及,本节旨在介绍国外解体消能结构相关标准,使读者对路侧解体消能结构的设计原则和工程应用有初步的了解。

2.5.1　国内外设计标准

解体消能结构是指经特殊设计的标牌、照明、交通信号支撑物等结构(图 2.36)。这类结构当被车辆碰撞的时候易于屈服(解体),并通过使用滑动面、塑胶铰链、易折元件等方式释放碰撞所产生的能量(消能),如图 2.37 所示。

图 2.36　解体消能路侧标志牌

图 2.37　解体消能灯杆的破坏机制示意图

目前关于路侧解体消能结构的设计,美国的《统一交通控制设施手册》(MUTCD)[图 2.38(a)]要求路侧净区内所有杆柱标识均需加设防护或使用解体消能,除非在具体应用中明确其不可用。美国各个州也有各自关于路侧设施的要求。例如得克萨斯州出台的《公路照明手册》(*Highway Illumination Manual*)要求,路侧净区内需设置足够的安全区域,以防止解体消能结构在碰撞中对周围环境的二次破坏。

欧洲对路侧障碍物的消能等级有着更为明确的分类。欧洲标准 EN 12767[图 2.38(b)]明确了 3 种路侧结构:高消能结构(High energy dissipation structure,简称 HE)、低消能结构(Low energy dissipation structure,简称 LE)和非消能结构(Non-energy dissipation stracture,简称 NE)。一个路侧障碍的支撑结构如果通过了 EN 12767 的测试,则可以被认定为"无害"。在 3 类消能结构中,EN 12767 又根据不同驾驶速度所得出的加速严重性指数(Acceleration severity index,简称 ASI)和理论头部撞击速率(Theoretical head impact velocity,简称 THIV),将每种结构按照使用者安全分为 3 个等级,详见表 2.10。

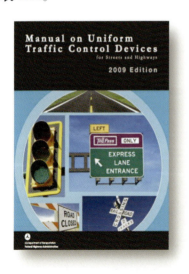

（a）《统一交通控制设施手册》　　　（b）欧洲标准

图 2.38　美国的《统一交通控制设施手册》和欧洲标准

表 2.10　解体消能结构性能参数(EN 12767)

消能等级	驾驶者安全等级	时速			
		强制性低速碰撞试验(35 km/h)		不同时速下的碰撞试验(50 km/h,70 km/h,100 km/h)	
		最大值		最大值	
		ASI	THIV/(km·h^{-1})	ASI	THIV/(km·h^{-1})
HE	1	1.0	27	1.4	44
HE	2	1.0	27	1.2	33
HE	3	1.0	27	1.0	27
LE	1	1.0	27	1.4	44
LE	2	1.0	27	1.2	33
LE	3	1.0	27	1.0	27
NE	1	1.0	27	1.2	33
NE	2	1.0	27	1.0	27
NE	3	0.6	11	0.6	11
NE	4	无要求	无要求	无受损设施	

在使用时,设计者可根据不同的使用者安全等级和消能分类,确定当车辆撞击某一特定路侧结构物时所产生的预估效应。预估效应中需要考虑的因素如下:

①感知伤害事故的风险和可能的成本效益。

②道路类型及其布局。

③所在地点的车速。

④周边存在的其他结构、树植和行人。

⑤周边存在的车辆约束系统(如防撞护栏、气垫等设施)。

EN 12767 在意大利等国家并非是强制执行的设计标准,而在挪威、芬兰等路侧设施系统较为完善的北欧国家,其执行程度较高。英国在 2008 年出台了一份关于此标准的补充文件(*National Annex to EN 12767*),里面详细介绍了不同路况下各种路侧设施的具体使用要求。

当前国内在《公路交通安全设施设计细则》(JTG/T D81—2017,简称《细则》)中以概念的形式给出了解体消能结构的定义和基本应用原则,但《细则》较少指出具体要求,且目前也尚无详细的针对性试验标准。《细则》中提到,交通标志采用解体消能结构时,其设计应符合以下 6 项规定。

①充分考虑立柱解体后对其他车辆及行人可能造成的危险,公交车站和行人集中

区域不宜使用。

②不宜设置在排水沟边、陡边坡及其他易导致碰撞时车辆跳跃的位置。

③确保可解体装置不影响其他风荷载等作用下的受力安全和耐久性。

④车辆碰撞解体消能结构后,残留在路面或地面以上的不可解体部分高度不宜超过 10 cm。

⑤当解体消能结构中设有用电设备时,应采取有效措施防止车辆碰撞后引发火灾和触电事故。

⑥解体消能结构的安全性能应通过实车碰撞实验验证,实验方法和安全性能评价标准可参照《公路护栏安全性能评价标准》(JTG B05-01—2013)。

2.5.2 解体消能结构应用原则

从撞击后的破坏形式来看,RDG 将解体消能结构大致可分为屈服变形、整体破坏和支座分离。从车辆撞击受力特点及解体性能来看,解体消能结构的应用原则有以下 7 个方面。

1)材料

路侧设施普遍采用较低刚度的消能材料。玻璃纤维是目前同时考虑消能能力和结构安全的最佳材料。但由于其成本较高,目前还未被广泛使用。传统钢铝、木制或复合材料的杆柱也可经过处理被改良成消能结构,如图 2.39 所示。

(a)老旧木制灯杆　　　　　　　　(b)钢结构灯杆

图 2.39　可改良的解体消能结构

2)铰接

与杆柱预定断裂点不匹配的设计容易导致车辆困阻或零部件飞出而造成二次伤害。为实现被撞结构物的安全解体,铰接点应尽量接近地面,并避免使用多次铰接。

3）支座

路侧解体消能结构的支座选择与杆柱的功能相关。支座大致分为定向耦合器支座和滑移支座。

4）撞击高度

公路路侧解体消能结构的受撞击高度应为 0.5 m,保持与常见车型(保险杠)撞击高度基本一致。实际预估撞击高度还应考虑道路超高、横坡、偏移、事故车辆撞击角度等因素。

5）设施位置

解体消能结构设置在前坡时,前坡坡比应不大于 1:6。若坡比大于 1:6 且小于 1:4,解体消能设施距离道路边缘应保持在 600 mm 以内。设置在防撞护栏后方的解体消能设施,其设置位置应保证在防撞护栏受撞击后的最大侧向位移范围以外。

6）埋深

根据实际工程土壤条件,解体消能结构的基础埋深必须得到保证,避免受力时整个结构连根拔起。结构的建议埋深通常大于 1 m,解体后的设施杆件根部高度应小于 100 mm(沿坡度方向)。针对可能发生屈服变形和整体破坏的解体消能结构,详细的土壤测试条件可参考美国《安全设施评价手册》(*Manual for Assessing Safety Hardware*,简称 MASH)第 3 章内容。

7）电路

解体消能结构必须配备解体消能电导体,并通过使用特殊的拉分保险丝(可解体连接器)实现。在杆柱遭到破坏的情况下,零线也必须使用这种可解体连接器,但不需要配备保险丝。

2.5.3　解体消能结构工程实例

本节内容涉及多种细部结构,此处仅作简要介绍,具体的安装要求和细部结构要求可参考美国《公路标志、灯具和交通信号的结构支撑标准规范》(*Standard Specification for Structural Supports for Highway Signs, Luminaires And Traffic Signal*)或 MASH。

1）小型路侧标志设施

小型标志牌(图 2.40)往往指面积不大于 5 m² 的标志牌[具体标志大小宜参考《城市道路交通标志和标线设置规范》(GB 51038—2015)]。此类标志通常使用一个或一个以上的解体消能结构作为支撑。一般情况下,小型路侧标志牌并不被认为是路侧障碍物,但它对行驶车辆仍具有一定的潜在风险。其安装形式主要有 3 种:直接植入土壤中、钻孔安装(前两种常用于景区木质立柱)和支座安装。基于宽容性设计理念的小型路侧标志与一般标志牌的安装方式几乎一致,主要的差别在于受撞击后标志立柱的破坏变形与消能作用。因此,根据破坏形式划分,小型路侧标志可分为弯曲变形、整体破坏式的耦合器底座和螺栓滑移底座3种。

图 2.40 小型路侧标志牌

从立柱材料来看,常用于解体消能结构的主要包括U型钢(非拼接U型钢)、多空方钢管、薄壁铝合金管、薄壁玻璃纤维管等。需要注意的是,解体消能结构的变形性能取决于立柱埋深、土壤阻力、立柱刚度等多个因素。就可靠性而言,更推荐使用带底座的解体消能结构。

从破坏结果来看,研究建议标志顶部离地面高度应大于2.7 m,以确保撞击后标志板倒下时不会破坏前挡风玻璃。

安装于螺旋滑移底座上的小型路侧标志可分为定向与非定向两种。最常见的定向解体消能底座又分为水平支座和倾斜支座。定向倾斜支座由于底座与水平呈一定角度(一般为10°~20°),车辆可在结构发生破坏时从标志牌下方驶过而不被标志牌砸中车辆顶部或前挡风玻璃。该类型底座的路侧交通标志无须使用铰接来连接面板与立柱,如图2.41所示。

定向底座型解体消能结构不得设置在中央分隔带或行人过街安全岛,以避免结构定向倒塌后影响对向车道行车安全。若需在中央分隔带设置路侧标志,宜采用支座为三角形的非定向支座,如图2.42所示。

图 2.41　定向倾斜支座示意图　　　　图 2.42　非定向支座示意图

2) 大型路侧标志设施

大型标志牌(图 2.43)往往指面积大于 5 m² 的标志牌[具体标志大小宜参考《城市道路交通标志和标线设置规范》(GB 51038—2015)]。此类标志通常使用两个或两个以上的解体消能结构作为支撑。该类型标志的设置主要从以下两个角度进行考量。

图 2.43　常见公路路侧大型标志牌

①受风力荷载、雨雪等天气影响不发生结构性破坏,其受力情况如图 2.44 所示。

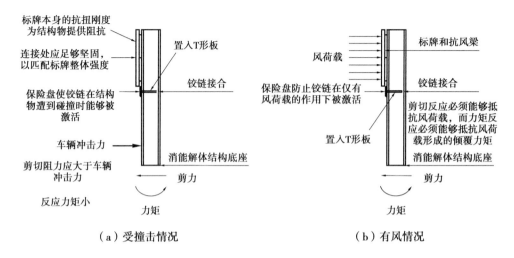

（a）受撞击情况　　　　　　　　（b）有风情况

图 2.44　车辆撞击与风载受力示意图

②有且仅当事故撞击时发生破坏,且定向倒塌,不会对事故车辆造成二次伤害,其破坏形式如图 2.45 所示。

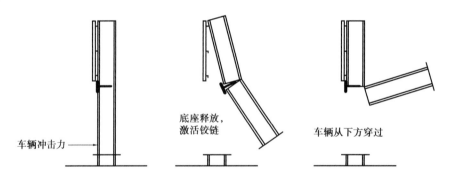

图 2.45　结构破坏示意图

结构的基本要求主要包括以下 3 点。

①铰链应保持在距地面至少 2.1 m 的位置。

②立柱间隔大于 2.1 m 以上的立柱,单位自重应不超过 65 kg/m,总重不超过 270 kg;立柱间隔小于 2.1 m 的自重应小于 27 kg/m。

③大型标志牌常用的解体消能结构形式一般选用整体破坏式或滑移支座(分离式支座),如图 2.46(a)、(b)所示。

（a）整体破坏式的耦合器结构　　　　　（b）定向分离式的滑移型底座

图 2.46　大型路侧标志牌的常见解体消能支座形式

上部定向铰接一般由保险盘、扭矩螺栓组成,连接立柱与标志牌。根据保险板的受力破坏特点,主要分为开槽型与开孔型两种,分别如图 2.47(a)、(b)所示。

（a）开槽型　　　　　　　　　　　（b）开孔型

图 2.47　铰接细部构造示意图

尽管在低速、低流量条件下,上部结构受车辆撞击并不一定会发生破坏(激活解体消能结构),但为避免潜在风险,在成本允许的情况下仍建议使用解体消能结构。

3)龙门架或悬臂标志设施

龙门架或悬臂支架通常采用固定支座,且不应采取任何解体消能设计。原因在于龙门架或悬臂支架的结构自重往往偏大,在采用解体消能结构的情况下,极易导致结构失效,对行驶中的其他车辆造成连带伤害。

为了避免对行驶车辆与事故车辆造成伤害,龙门架与悬臂支座的设置主要从以下两个角度进行考虑。

①固定支座设置在防撞护栏后方且位于防撞护栏的侧向变形范围以外,无防撞护栏的路段则需考虑设置相应的防撞垫,以避免车辆直接撞击固定支座。

②对于周边有结构物且能保证正常视距的路段,宜考虑将标志设置在结构物上方,避免设置龙门架或悬臂支架。

2.6　照明设施

针对照明设施的解体消能结构可分为 3 类:脆性(铸铝)支座(图 2.48)、滑移支座(图 2.49)、耦合器支座(图 2.50)。后两者与一般交通标志的解体消能结构类似。

图 2.48　脆性(铸铝)支座　　　　　图 2.49　滑移支座

图 2.50　耦合器支座

1)基本要求

由于照明设施通常仅在城市区域或人口聚集区设置,因而路侧坡比往往较为平缓,故受力高度可参考 0.5 m。

考虑事故发生后,照明设施有发生立柱倒塌的危险。照明设施的一般高度应在满足《城市道路照明设计标准》(CJJ 45—2015)的条件下不超过 18.5 m。除此以外,照明设施的自重不得超过 450 kg。

为确保解体消能结构的可靠性,照明设施埋置的土壤或地基的刚性必须得到保证,以避免在事故车辆撞击作用下灯柱仅发生弯曲变形,而非剪切破坏,无法发挥解体消能结构应有的防护作用。因此适用于解体消能设施的基础应尽量保证支座周边土壤或地基的稳定,不会发生相对偏转或位移。

此外,无论是从车辆、行人安全还是经济性角度出发,在保证行车道及人行道有效照明的条件下,照明设施的数量应尽可能减少。

2)一般布局

照明设施的设置位置应根据实际工程条件进行调整与布局。在城市或环境受限区域,路侧照明设施的设置应确保在路侧净区范围以外。在城市快速路、市郊等高速运行区域,照明设施往往设置在防撞护栏后方,且不得在防撞护栏受撞击后的偏移距离范围以内(详细参数可参考 3.2 节)。

3)大型照明设施

大型照明设施由于其高度、自重均超过了照明设施宽容性设计要求,因此,该类设施应避免使用解体消能结构,而采取固定基础处理,同时避免设置在道路净区范围以内。如无法避免,则必须设置防撞措施。

2.7　排水设施

一般情况下的道路排水设施设计应遵循以下 3 点原则。

①减少不必要的排水结构。

②排水结构的设置应使偏离车辆能够穿越,尽可能降低排水结构对事故游离车辆驶离的影响。

③对无法重新设计或调整,但又对偏离车辆形成阻碍的排水管涵,需加设防撞护栏作为防护。

2.7.1　横向排水设施

横向排水所采用的管道或沟槽,主要是为了输送需要横跨路基的水流。横向排水一般采用塑料排水管,也可使用混凝土或金属管,排水管管径从 450 mm 到 3 m 不等,取决于所在路段的排水量和流速。横向排水设施的设置不仅需要考虑排水设施与路面的关系,还需考虑它与两侧排水管廊和中央分隔带的连通。

较大结构的排水设施通常在端部出入口设置混凝土挡墙和翼墙,而较小的管道需设置斜面型端部。虽然此类设计能够保证排水设施的通畅和抗侵蚀能力,但对于驾驶员来说,它是十分危险的路侧障碍物。基于此,横向排水设施的宽容性设计主要从设施的可穿越性、延伸设计和安全防护 3 方面进行考虑。

1) 可穿越性

横向排水管涵设计的首要前提是保证其端部进出口与前坡坡比一致,否则可穿越边坡将面临失效的风险。

已有试验数据表明,在坡比小于 1:3 的条件下,车辆可以 30~100 km/h 的速度安全跨越间距不大于 750 mm 的格栅网管涵口。横向排水设施端部详图及管涵口坡面跨度与安全格栅直径的推荐值分别如图 2.51 和表 2.11 所示。

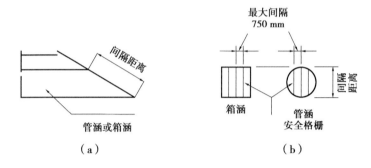

图 2.51　横向排水设施端部详图

表 2.11　安全格栅直径推荐值

管涵口坡面跨度/m	安全格栅直径/mm
<3.66	75
3.66~4.88	87
4.88~6.10	100
有横向支撑且不大于 6.10 m 时	75

2) 延伸设计

当实际工程无法满足上述要求时,如端口的可穿越性无法保证,可适当延伸管道,将可能形成的障碍物位置移至路侧净区的边缘处或外围。这种处理能够有效降低管道端部被偏移车辆撞击的可能性。当所在路段拥有多个类似障碍物而某些管涵端口结构物距离行车道较近时,延长管道是一个较为理想的解决方案;如果管涵端口结构物是此路段唯一的障碍物,而其他路侧空间都可穿越时,简单延伸管道并不能完全解决问题,可对障碍物进行遮挡防护。

3) 安全防护

对于延伸管线成本过高,或管线端部不能进行可穿越式处理的情况,利用合适的护栏进行遮挡防护一般是最为有效的安全处理措施。尽管护栏可能比结构物的开口更长或距离交通流更近,导致其被碰撞的可能性高于那些离行车道较远、未加防护的管线区域,然而一些经过精心设计、安装和维护的护栏系统还是能够提高该路段的整体安全水平。

2.7.2　纵向排水设施

纵向排水设施往往指平行于道路行驶方向的排水管涵,常见的纵向排水设施包括截排水沟、边沟(图 2.52)等。一般情况下,纵向排水设施的设置通常从以下 4 个方面考虑。

图 2.52　公路边沟

1)减少不必要的结构

纵向排水设施可在路侧出入口(对高速公路、快速路等控制出入的道路而言,应考虑在出入口作相关设计)处作开口处理,以减少不必要的设施。在部分事故多发路段,如圆曲线外侧,宜改明沟为暗沟,避免事故车辆因路侧排水设施而倾覆。

2)横向设计

纵向排水设施与横向排水设施类似,同样需考虑横向设计,保证事故车辆的可穿越性,避免设施成为边坡上的凸起障碍物。详细实例如图 2.53 所示。

管道出口匹配的坡度应尽可能适应边坡坡比的实际设计情况。若管道直径小于610 mm,管道无须设置横向栅格,仅需确保与边坡坡比匹配即可。

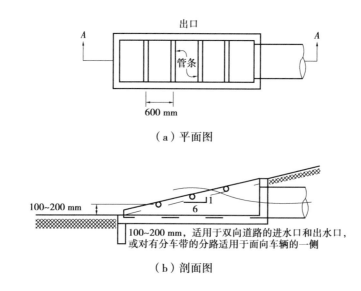

（a）平面图

（b）剖面图

图 2.53　纵向排水横向设计示意图

3）管道设施的位置调整

排水设施位置的调整往往考虑在两条道路合流、分流或者交叉的位置。为保证两条道路边坡的衔接与可穿越性,纵向排水设施应适当向道路外侧偏移,并避免设置在边坡过渡的范围内(图 2.54)。实际工程中的设置位置可根据两条道路的设计速度、设计交通量作出决策。

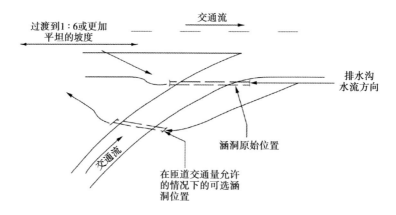

图 2.54　纵向排水偏移示意图

4）防护设施

防护设施常应用于边坡条件受限且坡比大于 1：3 的情况,具体可参考 3.2 节中各类防撞护栏、防护栏的属性与设置。

（1）截排水沟

截排水沟可分为非平底与平底两种。非平底排水沟,又称"V 形排水沟",主要为底宽小于 2.4 m 的半弧形截排水沟或底宽小于 1.2 m 的梯形截排水沟。反之,则为平底截排水沟。

无论何种类型的截排水沟,其设置条件均需考虑前坡、后坡坡比,如图 2.55 所示。

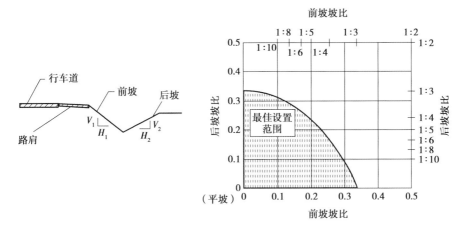

（a）非平底截排水沟

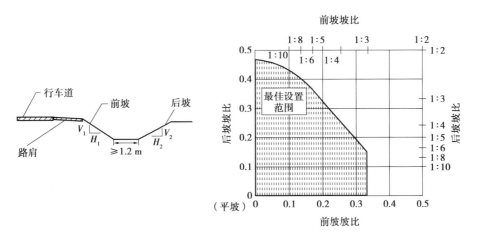

（b）平底截排水沟

图 2.55　截排水沟设置条件示意图

（2）路缘石

路缘石(图 2.56)作为道路铺装边缘,常被用于控制排水走向。常见的路缘石类型一般分为垂直型与斜坡型。为了与车辆构造相匹配,垂直型路缘的垂直贴面高度一般不大于 150 mm,因而该类型路缘石对行驶车辆又有一定导向作用;斜坡型路缘石的坡高一般不大于 100 mm,该类型路缘石常用于车辆可穿越的位置。

图 2.56　路缘石示意图

目前在高速公路环境中,路缘石集中排水的效用已十分有限。由于现行高速公路基本属于双向坡设计,中央分隔带处路面径流较少,故不存在集中排水的问题。而无论路外侧路缘石为何种类型,当其垂直高度超过 100 mm 时,即可认为是路侧障碍物。因此出于安全考虑,在设计速度较高的路段,应避免设置任何形式的路缘石。国际上的普遍做法是以边坡种草防护代替路缘石,这种方案既保障了车辆的行车安全,而且在经济上也更加合理。

2.8　防撞设施

道路防撞护栏与桥梁护栏均为沿车辆行驶方向布设的路侧防护屏障,目的是确保事故车辆不会冲出道路范围而与路侧障碍物撞击造成人身财产损失。本节介绍了防撞设施的分类、分级、基本设置要求、关键性能指标等内容。

2.8.1　防撞设施分类

本节涉及的主要防撞设施见表 2.12。

表 2.12 常见道路防撞设施分类

应用场景	防撞设施
横向防撞隔离	(1)可移动或半固定隔离栏； (2)固定隔离栏； (3)隔离栏过渡段
端部	(1)护栏(路侧)； (2)中央分隔带隔离栏
防撞垫	(1)可导向； (2)非导向
支撑结构	(1)解体消能灯杆和路牌； (2)电线杆； (3)施工区域交通管制设备
施工区域	(1)防撞缓堵车； (2)纵向交通疏导设施
其他	(1)交通站； (2)拦阻系统

2.8.2 防护等级

防护等级是路侧、中央防撞护栏性能强弱的直接体现。根据车辆撞击防撞护栏瞬间产生的动能，在测试条件相近的条件下，国内将防撞护栏的防护等级分为 C—HA，共 8 级；以美国为代表的发达国家将之分为 TL-1—TL-6，共 6 级。详细数据与测试可分别参考我国《公路护栏安全性能评价标准》(JTG B05-01—2013)与美国的 MASH。本文仅提供基于碰撞动能的美、中分级对照表，见表 2.13 和表 2.14。在不同防护等级下，护栏又可分为刚性、半刚性、柔性护栏，具体落地形式详见 2.8.3 — 2.8.8 节。

1)国外防护等级

表 2.13 美国 MASH 防撞护栏等级参考表

防护等级	车型与自重/kg	测试速度/(km·h^{-1})	碰撞角度/(°)	碰撞动能/kJ
TL-1	C,1 100	50	25	17.4
	P,2 270	50	25	36.0
TL-2	C,1 100	70	25	34.2
	P,2 270	70	25	70.5

续表

防护等级	车型与自重/kg	测试速度/(km·h⁻¹)	碰撞角度/(°)	碰撞动能/kJ
TL-3	C,1 100 P,2 270	100 100	25 25	69.7 144
TL-4	C,1 100 P,2 270 S,10 000	100 100 90	25 25 15	69.7 144 193
TL-5	C,1 100 P,2 270 V,36 000	100 100 80	25 25 15	69.7 144 548
TL-6	C,1 100 P,2 270 T,36 000	100 100 80	25 25 15	69.7 144 548

注:C—小客车;P—轻型货车;S—大型货车;V—半挂型货车;T—全挂型货车。

2)国内防护等级

表2.14　国内防撞护栏等级参考表

防护等级	车型与自重/kg	测试速度/(km·h⁻¹)	碰撞角度/(°)	碰撞动能/kJ
C	小车,1 500 中车,6 000 大车,6 000	50 40 40	20	40
B	小车,1 500 中车,10 000 大车,10 000	60 40 40	20	70
A	小车,1 500 中车,10 000 大车,10 000	100 60 60	20	160
SB	小车,1 500 中车,10 000 大车,18 000	100 80 60	20	280
SA	小车,1 500 中车,14 000 大车,25 000	100 80 60	20	400

续表

防护等级	车型与自重/kg	测试速度/(km·h⁻¹)	碰撞角度/(°)	碰撞动能/kJ
SS	小车,1 500 中车,18 000 大车,33 000	100 80 60	20	520
HB	小车,1 500 中车,25 000 大车,40 000 特大车,55 000	100 80 60 60	20	640
HA	小车,1 500 中车,25 000 大车,40 000 特大车,55 000	100 85 65 65	20	760

2.8.3　防撞试验

1)主观考虑因素

绝大部分的公路防撞设施可以为小型汽车和小型货车提供安全保障。大量测试证明,经合理设计和安装的防撞系统,在减少车辆损害和减轻人身伤害方面非常有效。而在某些特定情况下,如在大型货车和卡车较为集中的路段,可酌情采用更高防护等级的防撞设施。在新建路段或对现有路段进行安全升级时,最常考虑的主要因素包括以下 4 点。

①交通流中重型车占比较大的区域或货车荷载集中的交叉口。

②危险品运送路段。

③道路几何不规则段,如视野受阻的小曲率路段,或平曲率较大的长下坡段。

④如果大车冲出车道会产生严重后果的路段,如多级立交匝道,环境高度敏感地区,或公路关键路段(重要桥梁或隧道)。

当以上因素出现叠加时,必须采用高防护等级设施。例如,一座横跨水库的中等长度桥梁对周边环境产生的风险较低,但当道路出现几何不规则路段时,综合风险升高,叠加因素大大增加了汽车冲撞护栏的可能性。

2)防撞测试

美国 MASH 明确提出了一系列针对路侧设施的防撞测试,以评估每一等级的路边安全特性。该测试的目的是提供一个确定的最低安全性能水平，为每个级别内比较不同的设计提供基础。每一项推荐测试都旨在评估 3 个主要标准（设施结构合理性，驾驶员风险和车辆冲出轨迹）中的一个或多个。

在防撞试验中，主要考虑的参数包括冲击速度、冲击角度、试验车辆质量和关键撞击点（Critical impact location，简称 CIP）。当路侧设施为碰撞车辆提供导向作用时，受碰撞的严重程度可以用冲击严重度（Impact severity，简称 IS）来表示，IS 在 MASH 中被定义为：

$$IS = \frac{1}{2}M\,(V\sin\theta)^2$$

其中，IS 为冲击严重度（kJ）；M 为车辆质量（kg）；V 为冲击速度（m/s）；θ 为冲击角度（°）。

而在车辆易发生端向碰撞（End-on collision）的情况下，受碰撞的严重程度可以用动能（Kinetic energy，简称 KE）来表示。KE 被定义为：

$$KE = \frac{1}{2}MV^2$$

其中，KE 为动能（kJ）；其余符号意义同前。

MASH 针对不同防撞设施的特点，提供了在不同车辆质量、冲击速度、冲击角度、撞击点、设施位置（前坡、后坡、平地）、坡比、沟宽等因素下可接受的冲击严重度或动能范围，试验示意如图 2.57—图 2.59 所示。具体的试验细节可参考《公路护栏安全性能评价标准》（JTG B05-01—2013）、MASH 和 *NCHRP Report 350*。

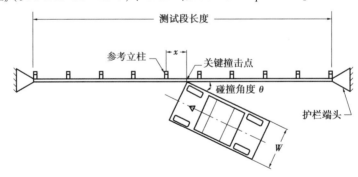

图 2.57 纵向防护栏标准段碰撞试验示意图

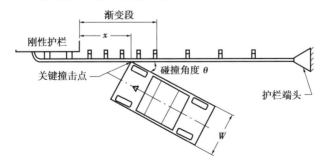

图 2.58 纵向防护栏过渡段碰撞试验示意图

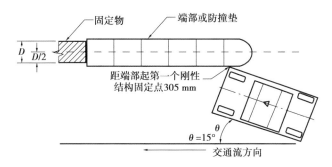

图 2.59　护栏端头或防护垫碰撞试验示意图

3)评估参数及标准

本节所包含的针对护栏、端头、防撞垫在防撞实验结果的评价指标,主要基于《公路护栏安全性能评价标准》(JTG B05-01—2013),详细对比了美国 MASH、欧盟 EN 1317 和日本《护栏设置标准及说明》等多个国际标准,并根据 MASH 稍作调整,分别从阻挡功能、缓冲功能和导向功能 3 个方面得出适合国内路侧环境的评估参数。由于国内标准尚无提及有关支撑结构、临时交通管制设备及解体消能杆柱的评价指标,因此下文介绍的评估标准主要基于美国 MASH。

(1)护栏标准段、过渡段和中央分隔带开口护栏安全性能评估标准

①阻挡功能

a.能够阻挡车辆穿越、翻越和骑跨。

b.试验护栏构件及其脱离件不得侵入车辆乘员舱。

②缓冲功能

a.乘员碰撞速度的纵向与横向分量均不得大于 12 m/s。

b.乘员碰撞后加速度的纵向与横向分量均不得大于 200 m/s^2。

③导向功能

a.车辆碰撞后不得翻车。

b.车辆驶出驶离点后的轮迹经过图 2.60 所示的导向驶出框时不得越出直线 F。

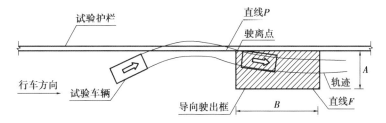

图 2.60　轮迹导向示意图

注:1.直线 P 为试验护栏碰撞前迎撞面最内边缘的地面投影线;

　　2.直线 F 与直线 P 平行且间距为 A;

　　3.直线 F 起点位于驶离点在直线 F 上的投影点,长度为 B。

（2）护栏端头的安全性能评估标准

①阻挡功能

a.护栏端头构件及其脱离件不得侵入车辆乘员舱。

b.当质量大于 2 kg 的护栏端头脱离件散落时，散落位置应位于如图 2.61 所示的直线 A_a 和直线 A_d 之间；直线 A_a 和直线 A_d 应平行于护栏标准段碰撞前迎撞面最内边缘的地面投影线且间距应分别为 0.5 m 和 1.0 m。当护栏端头外侧无其他行驶车辆或行人等安全要求时，直线 A_d 与护栏标准段碰撞前迎撞面最内边缘地面投影线的间距可不作限制。

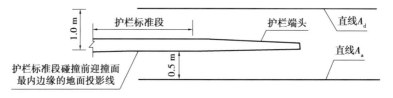

图 2.61　质量大于 2 kg 的护栏端头脱离件的散落位置限制区域

c.护栏端头的碰撞类型如图 2.62 所示，护栏端头应阻挡正向侧碰车辆穿越、翻越和骑跨。

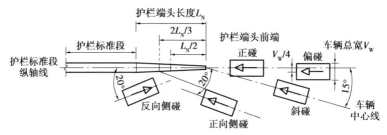

（a）护栏端头纵轴线与护栏标准段纵轴线延长线重合的护栏端头碰撞示意图

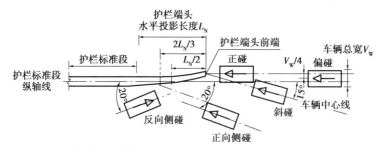

（b）护栏端头纵轴线向路侧方向外展的护栏端头碰撞示意图

图 2.62　护栏端头碰撞类型

②缓冲功能

a.乘员碰撞速度的纵向与横向分量均不得大于 12 m/s。

b.乘员碰撞后加速度的纵向与横向分量均不得大于 200 m/s²。

③导向功能

a.车辆碰撞后不得翻车。

b.车辆正碰、偏碰和斜碰护栏端头后,车辆轮迹越出如图 2.63 所示的导向驶出框的直线 F、直线 D 或直线 A 时,车辆重心处速度不得大于碰撞速度的 10%;对车辆轮迹越出直线 R 时的车辆重心处速度可不作限制。

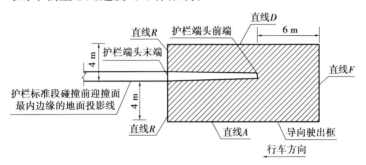

图 2.63　护栏端头的车辆轮迹导向驶出框

(3)防撞垫的安全性能评估标准

①阻挡功能

a.防撞垫构件及其脱离件不得侵入车辆乘员舱。

b.当质量大于 2 kg 的防撞垫脱离件散落时,散落位置应位于如图 2.64 所示的直线 A_a 和直线 A_d 之间;直线 A_a 和直线 A_d 应与防撞垫侧边平行且间距均应为 0.5 m。

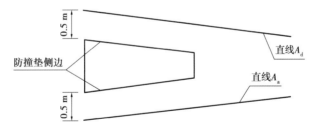

图 2.64　质量大于 2 kg 的防撞垫脱离件的散落位置限制区域

②缓冲功能

a.乘员碰撞速度的纵向与横向分量均不得大于 12 m/s。

b.乘员碰撞后加速度的纵向与横向分量均不得大于 200 m/s^2。

③导向功能

a.车辆碰撞后不得翻车。

b.防撞垫的碰撞类型如图 2.65 所示。

c.车辆正碰、偏碰、斜碰和正向侧碰防撞垫后,车辆轨迹越出如图 2.66 所示的导向驶出框的直线 F、直线 D 或直线 A 时,车辆重心处速度不得大于碰撞速度的 10%。

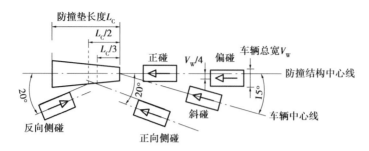

图 2.65　防撞垫的碰撞类型

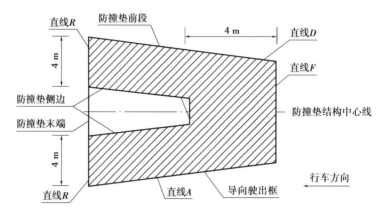

图 2.66　防撞垫的车辆轮迹导向驶出框

（4）支撑结构、临时交通管制设备及解体消能杆柱的安全性能评价标准

①阻挡功能：

a.设备构件的破坏形式和破坏结果应该是可预测的,如断裂、破裂或屈服。

b.试验构件及其脱离件不得侵入车辆乘员舱。

②缓冲功能。车辆碰撞后不得翻车。

③导向功能。车辆碰撞后可能会驶入试验构件后方。

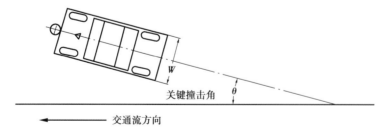

图 2.67　支撑结构、临时交通管制设备及解体消能杆柱的碰撞条件

注：1.建议撞击点误差为±0.05 W；

　　2.θ 为碰撞角度,建议取值为 $0° \leqslant \theta \leqslant 20°$。

2.8.4　中央防撞护栏

中央防撞护栏特指用于公路中央,设置在中央分隔带区域的防撞护栏(图 2.68)。中央防撞护栏的作用是防止失控车辆穿越中央分隔带闯入对向车道,并保护中央分隔带内的结构和树植。中央防撞护栏的设置须考虑来自两侧的撞击。

图 2.68　公路中央防撞护栏

1)基本要求

RDG 中明确提出,9 m 宽的中央分隔带可确保 80% 的事故车辆返回行车道正常行驶。2/3 的与中央分隔带相关的事故发生在宽度不大于 15.2 m 的中央分隔带。在任何情况下,均需要对中央分隔带设置防护栏。RDG 根据分隔带宽度与设计日交通量提供了建议的选择条件,如图 2.69 所示。

其中,在选择性设置防撞护栏的区域内,护栏防护等级的选择主要考虑以下 4 个因素。

①设计日交通量中的大车比例。

②危险物品的运输路线。

③不良线形条件。

④历史事故高发路段,如立交匝道、环境敏感区等。

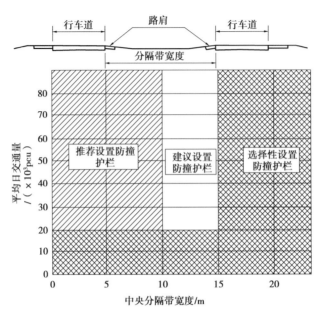

图 2.69　中央防撞护栏设置条件

我国《公路交通安全设施设计规范》(JTG D81—2017)规定:高速公路、一级公路均应设置中央分隔带护栏。当中央分隔带宽度大于 10 m 时,可不设中央分隔带护栏。《公路交通安全设施设计细则》(JTG/T D81—2017)规定:高速公路和作为干线的一级公路,整体式断面中间带宽度小于或等于 12 m,或者 12 m 宽度范围内有障碍物时,必须设置中央分隔带护栏。根据中央分隔带的条件,事故严重程度可分为高、中、低 3 个等级。该细则对中央分隔带护栏防护等级的建议如表 2.15 所示。

表 2.15　中央分隔带护栏防护等级选取

事故严重程度等级	中央分隔带条件	公路技术等级和设计速度/(km·h⁻¹)	防护等级(代码)
高	高速公路、一级公路中央分隔带宽度小于 2.5 m 并采用整体式护栏行驶	高速公路(120)	六(SSm)
		高速公路、一级公路(100,80)	五(SAm)
		一级公路(60)	四(SBm)
中	对双向 6 车道高速公路,或未设置左侧硬路肩的双向 8 车道及以上高速公路,中央分隔带小于 2.5 m 并采用分设式护栏形式,同时中央分隔带内设有车辆不能安全穿越的障碍物的路段	高速公路(120,100,80)	四(SBm)

续表

事故严重程度等级	中央分隔带条件	公路技术等级和设计速度/(km·h⁻¹)	防护等级(代码)
中	对双向 6 车道及以上一级公路,中央分隔带宽度小于 2.5 m 并采用分设式护栏形式,同时中央分隔带内设有车辆不能安全穿越的障碍物的路段	一级公路(100,80)	四(SBm)
		一级公路(60)	三(Am)
低	不符合上述条件的其他路段	高速公路(120,100,80)	三(Am)
		一级公路(60)	二(Bm)
		二级公路(80,60)	二(Bm)

2)设置条件与适应性

中央防撞护栏的安装条件与适用性与路侧防撞护栏类似,具体体现在:

①工作性能。在大多数情况下,美国 MASH 中的 TL-3 可以适用于多数车型的行车安全;而针对道路线形不良、高交通流量、大车比例较高等路段,需选择 TL-4 以上的防撞护栏。上述两种防护等级均可通过碰撞动能转化为表 2.15 中的国内防护等级。

②偏转位移与位置条件。偏转位移是防撞护栏选择的重要依据,与之相匹配的是中央分隔带宽度。因此,中央分隔带宽度必须大于防撞护栏的偏转位移,刚性护栏、半刚性护栏、柔性护栏均可使用,其中刚性护栏适用于极窄的中央分隔带。

③兼容性。防撞护栏的选择还应根据需要防护的构造物进行选择,如照明、交通标志、桥墩等。

④全生命周期成本。建造、安装成本一般与维护成本呈负相关。

⑤维护性。最重要的维护费用为针对事故发生后的防撞护栏修复,以避免形成安全死角。

⑥美学与环境因素。美学的考量往往更加注重与道路沿线的结合,详细内容可参考美国《弹性公路设计》(*Flexibility in Highway Design*)或者 FHWA 的环境设计板块。

3)常见护栏形式

一旦决定在特定地点的中央分隔带设置防撞护栏,即可考虑护栏的形式。选择并设置合适的护栏可以有效降低公路碰撞事故的发生率和致死率。国外常见的中央防撞护栏包括波形护栏、缆索护栏和混凝土护栏。国内以波形护栏和混凝土护栏为主。本节参考 RDG 对常见护栏形式及其主要作用进行简要介绍。

77

（1）波形中央防撞护栏

中央分隔带常用的波形护栏包括防护性能较低的 Weak-post 护栏（图 2.70）和防护性能较高的 Strong-post 护栏（图 2.71）。其中，由于 Weak-post 波形护栏对安装高度相对敏感，因此不能在中央分隔带坡度较大或地势不平的区域使用。Strong-post 护栏使用了带木制或铁制横桩的立柱，大大降低了碰撞中护栏的偏转位移，从而有效防止了车辆穿越，降低了对对向车辆的潜在伤害。Strong-post 护栏多用于相对狭窄的中央分隔带，以降低穿越碰撞的风险。根据 RDG 的描述，此类 Strong-post 护栏的防护等级最大可达到 TL-4，在实际路况下可阻挡并改变一辆18 t重车辆的行驶方向。

图 2.70　波形中央防撞护栏 Weak-post 示意图

图 2.71　波形中央防撞护栏 Strong-post 示意图

（2）缆索中央防撞护栏

缆索中央防撞护栏（图 2.72）主要通过车辆撞击时缆索提供的张力为失控车辆导向，以确保其不冲出安全区域。在美国 MASH 中，该类型缆索的防撞等级为 TL-3，满足大部分道路的防撞要求。

值得注意的是，缆索护栏的偏转位移比其他种类的护栏普遍要大很多，且其位移会随着护栏总长度的增加而增加。因此当选择缆索作为中央防撞护栏时，设计必须满足护栏长度、立柱间隔和中央分隔带宽度的最低要求，详细信息可参考 RDG。

图 2.72　缆索中央防撞护栏

另外，作为中央防撞护栏时，缆索的设置与路侧护栏不同。为了提供抵挡两个方向碰撞的压力和位移，安装在立柱上的中间缆索与上下相邻两个缆索的方向是相反的，如图 2.73 所示。

（a）中央分隔带防撞护栏缆索　　　　（b）路侧防撞护栏缆索

图 2.73　中央分隔带和路侧带缆索的不同设置

（3）混凝土中央护栏

混凝土护栏凭借其相对较低的生命周期成本、较高的使用性能,以及较低的维护成本等特点,成为公路建设中最常见的刚性中央防撞护栏。混凝土护栏在形状、结构类型和加固方面可以分为多种类型。目前国内主要使用的是 F 形(图 2.74)和单坡型(图 2.75)。实际工程中,应根据具体中央分隔带的地理位置、土质情况、车辆构成比例和远期路面养护方案等因素选择混凝土护栏的构造。更多的混凝土中央护栏类型,如可移动护栏,详见 3.2 节。

图 2.74　F 形混凝土中央护栏

图 2.75　单坡型混凝土中央护栏

4）护栏横向设计要求

中央防撞护栏的主要作用是确保车辆在事故发生时能够保持良好的车轮抓地力。设置时主要考虑防撞护栏边缘至行车道边缘范围内的横向道路条件与中央分隔带的障碍物布局。

行车道边缘至防撞护栏的横向条件主要考虑横向坡度与路缘。一般条件下，当中央分隔带的横向坡比小于 1∶10 时，可将中央防撞护栏安装于分隔带中央，多出的区域作为行车道与防撞护栏间的缓冲区，为事故车辆提供调整行驶状态的空间。中央分隔带两侧的缓冲区建议宽度可参考我国《城市道路工程设计规范》（CJJ 37—2012，2016年版），其中规定了中央分车带的最小宽度：当设计速度不小于 60 km/h 时，中央分车带最小宽度为 2.5 m，其中分隔带宽度为 1.5 m，路缘带宽度为 0.5 m；当设计速度小于60 km/h 时，中央分车带最小宽度为 2.0 m，其中分隔带宽度为 1.5 m，路缘带宽度为0.25 m。

本节针对坡比条件介绍 3 种中央分隔带类型的设置。

（1）分隔带类型Ⅰ

类型Ⅰ主要针对分隔带为凹型坡的情况。此时，中央防撞护栏应根据分隔带的横向坡度进行设计，并兼顾经济性考量。如图 2.76 类型Ⅰ所示，一般使用刚性或半刚性防撞护栏。当中央分隔带横坡坡比大于 1∶6 时，即有车辆倾覆的可能。因此，在中央分隔带某一侧坡比大于 1∶6 时，需设置防撞护栏［图 2.76（b）］；若两侧坡比均较大，则两侧均需设置防撞护栏［图 2.76（a）］；若两侧坡比均较为平坦，则仅需在分隔带中央设置防撞护栏［图 2.76（c）］。

（2）分隔带类型Ⅱ

类型Ⅱ主要针对分隔带为单面坡的情况。当分隔带坡比大于 1∶10 时，仅需在高处设置单侧防撞护栏［图 2.76（d）］；反之，则要在分隔带中央设置防撞护栏［图 2.76（f）］。但当分隔带场地不平，存在大量障碍物时，无论坡比如何，均需在分隔带两侧设置中央防撞护栏［图 2.76（e）］。

（3）分隔带类型Ⅲ

类型Ⅲ主要针对分隔带为凸型坡的情况。此时路中央分隔带的设置应参考类型Ⅰ与类型Ⅱ进行设置。

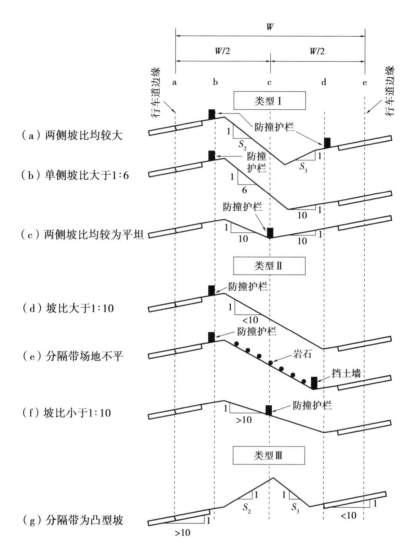

图 2.76 各类中央防撞护栏设置示意图

5）分隔带中的固定障碍物

当中央分隔带足够宽且障碍物位于路侧净区以外时，此时的中央防撞护栏近似于路侧防撞护栏。否则，在设置必要防撞护栏的同时，还应考虑采用防撞垫，详见 2.8.8节。图 2.77 中防撞护栏的渐变率详见 2.8.7 节内容。

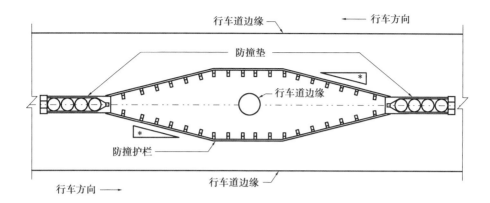

图 2.77　面向障碍物的中央防撞护栏与防撞垫设置

6) 常见中央防撞护栏的结构与安装注意事项

中央防撞护栏的结构与安装注意事项类似于路侧防撞护栏,具体可参考 2.8.5 节。相较于路侧防撞护栏,中央防撞护栏的防撞要求更高,以避免对对向车道造成影响。因此在中央分隔带极窄且交通流运行速度较高、密度较大的路段,应尽可能选用较高防护等级的护栏。

国内高速公路、一级公路中央分隔带区域内多使用种植土和回填土,土质的差异易影响护栏立柱承载力的发挥。具体应对方法可参考《公路交通安全设施设计细则》(JTG/T D81—2017)。

2.8.5　路侧防撞护栏

1) 基本要求

路侧防撞护栏的设置主要取决于路侧前坡的坡比。一般条件下,坡比大于 1∶3 的填方边坡均需设置防撞护栏,如图 2.78 所示。若填方边坡高度小于一定值时,则需根据交通量作出一定调整,详见图 2.79。

图 2.78 中的防撞护栏选配范围指根据实际路侧障碍物的情况决定是否需增设防撞护栏加以防护。常见的需增设防撞护栏的情况如表 2.16 所示,具体设置情况可参考 RDG。

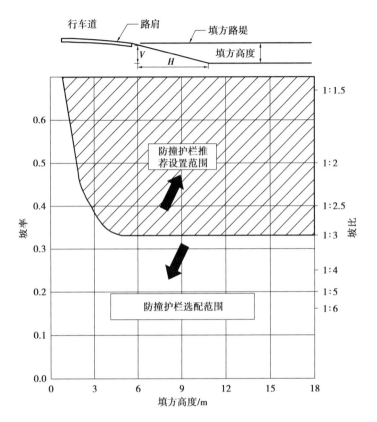

图 2.78 路侧防撞护栏设置条件

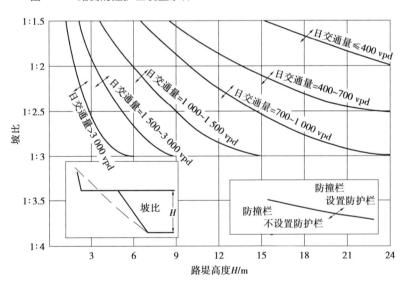

图 2.79 各交通量条件下的防撞护栏设置条件

表 2.16　防撞护栏增设情况表

障碍物	增设指引
桥墩、桥头	必须加设防撞护栏
落石处	基于实际工程条件与路侧固定物情况
涵洞、管道	根据涵洞大小、形状、障碍物的位置判定
前坡、后坡(缓)	在路侧净区满足安全行车条件时,可不设置防撞护栏
前坡、后坡(陡)	宜参考交通量、坡比等进行设置
纵向截排水沟	详见图 2.55
横向排水沟	在不满足可穿越的条件下,提供必要的防护
路堤	根据路堤情况提供必要的防护,详见图 2.79
挡土墙	基于挡土墙的表面坡比与期望的撞击角度进行判断
标志、照明设施	仅对非解体消能结构的设施增设防护
交通信号灯	设置于路侧净区,运行速度较高的道路宜设置配套防护
绿化(乔木、灌木)	根据路侧条件进行设置,详见 2.9 节
沿江沿河沿海路段	基于地点条件、水域条件进行设置

2)设置条件与适应性

一般路侧防撞护栏的设置与安装需要从护栏本身的性能指标、防撞等级需求和安装影响因素等 3 方面考虑。其中,路侧防撞护栏的性能指标主要针对防撞护栏的物理特性、经济性、可维护性和美学性,从而实现整个工程的效益最大化。

针对上述不同性能与应用条件的要求,路侧防撞护栏的类型选择可参考以下 7 个因素。

①工作性能。在大多数情况下,美国 MASH 中的 TL-3 可以适用于多数车型的行车安全;TL-2 可适用于普通小型汽车或轻型卡车(运行速度不大于 70 km/h)。而针对道路线形不良、高交通流量、大车比例较高等路段,需根据数据反馈的实际情况选择 TL-4 以上的防撞护栏,对应的我国国内防护等级可参考碰撞动能进行选择。

②偏转位移。偏转位移往往通过路侧边坡条件、障碍物与防撞护栏间距,作为防撞护栏类型及结构形式的选择依据。一般防撞护栏的偏转位移大小关系为:刚性护栏<半刚性护栏<柔性护栏。

③位置条件。设置路段的坡比与防撞护栏的偏移距离呈负相关。

④兼容性。尽可能使用相近的防撞护栏系统,以减少在维护、过渡等方面的成本。

⑤全生命周期成本。建造、安装成本一般与维护成本呈负相关。

⑥易维护性。最重要的维护费用为针对事故发生后的防撞护栏修复,以避免形成

安全死角。

⑦美学性。美学性的考量更注重与道路沿线的融合,具体信息可参考美国 FHWA 发布的《弹性公路设计》(*Flexibility in Highway Design*)。

3)常见护栏形式

国内路侧防撞护栏以波形护栏为主,表2.14中四级及以下(≤TL-4)防撞水平的偏转位移值可参考《公路交通安全设施设计细则》(JTG/T D81—2017)中的第6节。本节列举了美国典型缆索护栏以及部分波形防撞护栏的应用案例及其特性。其中,有关缆索护栏的偏转位移目前在国内尚无相关规范,在此特别列举出以供设计人员参考。

(1)缆索防撞护栏

缆索护栏一般分为低张力缆索、高张力缆索。路侧缆索防撞护栏的设置一般为低张力缆索,即固定在防护性能较低的 Weak-post 护栏上的钢索。但由于缆索为柔性结构,车辆撞击时动载产生的位移较高,如图2.80所示。对最大位移的规定,各国标准各不相同,多数碰撞试验中的位移为 2.4～3.7 m。此外,缆索护栏的安全系数和立柱间隔设置、日常养护等因素都紧密相关。

缆索护栏的主要优点包括:设置成本低;可为多种不同规格的车辆在不同安装条件下提供控制及重定向;为车辆驾驶者提供低减速力等。此外,在路面有积雪或沙石的区域设置缆索护栏,可有效防止车辆在路上或沿道路发生的打滑问题。使用缆索护栏主要缺点包括:设置长度较长,可能会在事故发生后大面积失去防护功能或需要修复,对区域内交通产生较大影响;需要较大净区宽度以适应缆索的大偏转位移;曲线内部有效性降低;对安装高度和维护有高灵敏度需求。

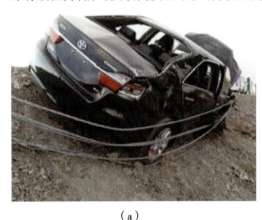 

| (a) | (b) |

图 2.80 缆索防撞护栏事故示意图

(2)双波形护栏

国外的双波形护栏主要适用于 TL-2～TL-3 的防护等级。其中,普通双波形护栏以 TL-2 的防护等级为主(偏转位移一般为 1.4 m),如图2.81所示;应用于 TL-3 防护等级的双波形护栏往往需要在立柱位置进行加固(偏转位移通常为 0.8~1.2 m,与加固所使用的材料类型直接相关)。此外,双波形护栏也适用于 TL-4 以上的设计,但这类护栏的实质往往是类似缆索护栏与双波形护栏的组合结构。

图 2.81　Weak-post 双波形护栏示意图

(3)三波形护栏

三波形护栏的结构形式与设置均类似于双波形护栏,主要分为一般波形护栏与加固型波形护栏,如图 2.82 所示。三波形能够提供较双波形更高的护栏防撞等级,适用于比较危险的路段,如高速公路、山村公路、险要路段等。

图 2.82　三波形防撞护栏示意图

4)路侧防撞护栏的横向设计要求

路侧防撞护栏的横向设计主要有：
①防撞护栏内侧设计(防撞护栏到行车道边缘的空间)；
②防撞护栏外侧设计(防撞护栏到路侧障碍物的空间)；
③地形地势影响分析；
④端头的过渡渐变率需求；
⑤端头长度需求；
⑥端头缓坡设计。

其中，后三者主要涉及防撞护栏端头处理，将在 2.8.7 节中进行详细叙述。本节仅介绍前三者的设计要求。

(1)防撞护栏内侧设计要求

防撞护栏内侧主要考虑了防撞护栏与行车道边缘的间距，其作用主要有二：其一，为即将撞上防撞护栏的车辆提供缓冲区域，使驾驶员有足够的空间操纵车辆恢复正常行驶；其二，足够的路侧空间为驾驶员提供良好的视野，尤其在邻近交叉口、合分流区域等位置。

在实际工程应用中，该距离取决于道路的设计速度，且大部分情况下与路侧应急车道、紧急停车带部分重叠，如表 2.17 所示。

表 2.17　防撞护栏与行车道边缘间距建议值

设计速度/$(\mathrm{km \cdot h^{-1}})$	偏移距离 L_s/m
130	3.7
120	3.2
110	2.8
100	2.4
90	2.2
80	2.0
70	1.7
60	1.4
50	1.1

(2)防撞护栏外侧设计要求

防撞护栏的外侧设计主要考虑了防撞护栏与路侧障碍物、路侧边坡变坡点的距离。其中，防撞护栏与路侧障碍物的间距主要与防撞护栏受车辆撞击后的偏移距离直接相关，主要受护栏刚度、护栏立柱间距、土壤密实情况、锚定等因素影响。此外，还应参考防撞护栏厂商提供的测试参数。

防撞护栏与路侧边坡变坡点（路肩边缘）的间距，通常取决于路堤的坡度、土壤类型等，一般建议取 0.6 m，如图 2.83 所示。

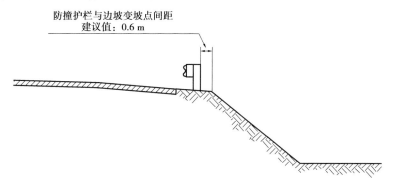

图 2.83　路侧防撞护栏与边坡变坡点（路肩边缘）间距示意图

（3）地形地势影响分析

路缘与路侧边坡是影响地形地势的两个重要特征要素。

①路缘

运行速度较高的路段不推荐使用防撞护栏与路缘石组合的防撞设计，但在道路分流、合流处除外。需要注意的是，与防撞护栏配合的路缘石应采用斜坡型，且高度不得高于 100 mm，而防撞护栏则需增强其刚度。详细的各类型路缘设置可参考美国《公路和街道几何设计手册》（*A Policy on Geometric Design of Highways and Streets*）。

当设计速度小于 80 km/h 时，一般防撞护栏与路缘的设计组合均采用斜坡型，且坡面长度应不大于 150 mm；若设计速度大于 80 km/h，则斜坡型路缘的坡面长度不应大于 100 mm。上述两种情况中，路缘石均需与防撞护栏平齐。

而针对常见的 Strong-post 波形护栏，无须保证路缘石与防撞护栏平齐，而是在两者之间保持一定间距。

当设计速度小于 70 km/h 时，波形护栏可配合 150 mm 高的普通路缘石或斜坡型路缘石使用。波形护栏应安装于路缘后方至少 2.5 m 的位置，或与路缘垂直面齐平。不同类型路缘石的详细构造可参考图 2.84。

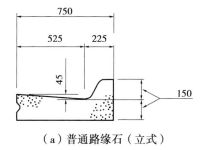　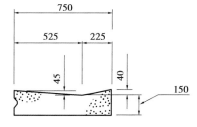

（a）普通路缘石（立式）　　　　（b）斜坡型路缘石

图 2.84　常见路缘石类型详细构造

当设计速度大于 70 km/h 且小于 80 km/h 时,波形护栏可配合 100 mm 高的普通路缘石或斜坡型路缘石使用。波形护栏应安装于路缘后方至少 4 m 的位置,或与路缘垂直面齐平。

当设计速度大于 80 km/h 时,波形护栏可配合 100 mm 高的普通路缘石或斜坡型路缘石使用,且必须与路缘垂直面平齐。若实际运行速度大于 100 km/h,则应采用坡比不大于 1:3 且高度不大于 100 mm 的斜坡型路缘石。

路缘石与路侧防撞护栏组合设计可参考图 2.85。

图 2.85　路缘石与路侧防撞护栏组合设计示意图

②路侧边坡

由于大多数防撞护栏的测试均是在水平条件下完成的,因此路侧边坡净区是设置防撞护栏时必须考虑的因素。在实际工程应用中,防撞护栏性能可能因边坡情况、撞击高度、偏转位置等因素与厂商的出厂测试结果存在较大差异。

5)常见路侧防撞护栏的结构性问题与设计安装问题

常见的路侧防撞护栏结构性问题如下:

①立柱间距过大或过小,导致防撞护栏刚度(偏转位移)与道路设计条件不匹配。

②缺少关键部件,如立柱与护栏间的连接螺栓缺失。

③未能考虑防撞护栏的终点设计,或端点处理不当。

常见的设计与安装问题如下:

①防撞护栏过长或过短而无法为路侧障碍物和不可穿越边坡提供防护。

②防撞护栏的偏转位移超过防撞护栏与路侧障碍物的间距。

③防撞护栏高度过高或过矮,无法为事故车辆提供防护。

④防撞护栏安装于边坡或路缘后的位置不当。

⑤在无须使用防撞护栏的位置(如紧邻挡土墙的位置)安装防撞护栏。

2.8.6　桥梁防撞护栏

1) 基本要求

桥梁的防撞护栏属于纵向屏障,旨在防止车辆从桥梁或涵洞的边缘驶出甚至跌落。大多数桥梁防撞护栏与道路防撞护栏的设计有所区别。桥梁防撞护栏是桥梁结构的组成部分(即物理连接)之一,设计时需要保证其被车辆撞击时几乎不发生偏转。

2) 设置条件与适应性

桥梁防撞护栏的工作性能要求显著高于路侧防撞护栏与中央防撞护栏,同时还需根据场地条件进行选用,大致要求如下:

①工作性能:桥梁防护等级最低不得低于 TL-3,因而桥梁的防撞护栏以混凝土防撞护栏为主。

②兼容性:协同考虑桥梁防撞护栏与道路路侧防撞护栏,以形成统一的系统并在桥头位置安全过渡。

③全生命周期成本与维护性:桥梁防撞护栏的成本主要在建造初期成本与后期维护成本。为避免形成具备潜在风险的安全死角,定期维护与更新防撞护栏必不可少。

④美学与环境因素:桥梁防撞护栏的美观不能以牺牲安全性能为代价。在保证混凝土防撞护栏安全性能基础上提升桥梁美观性能的具体内容,可参考美国《国家合作公路研究计划报告 554》(*NCHRP Report 554*: *Aesthetic Concrete Barrier Design*)。

更多详细要求可参考美国《荷载和抗力系数桥梁设计规范》(*LRFD Bridge Design Specification*)。此处仅引申国内《公路交通安全设施设计细则》(JTG/T D81—2017)对桥梁防撞护栏防护等级的要求,如表 2.18 所示。

表 2.18　国内桥梁护栏防护等级要求

公路等级	设计速度/ (km · h^{-1})	车辆驶出桥外或进入对向车道的事故严重程度	
		高:跨越公路、铁路或城市饮用水水源一级保护区等路段的桥梁	中:其他桥梁
高速公路	120	六(SS, SSm)级	五(SA, SAm)级
一级公路	100,80	五(SA, SAm)级	四(SB, SBm)级
	60	四(SB, SBm)级	三(A, Am)级
二级公路	80,60	四(SB)级	三(A)级
三级公路	40,30	三(A)级	二(B)级
四级公路	20		

注:括号内为护栏防护等级的代码。

除表 2.18 的要求外,国内规范还要求在以下 4 种情况下,桥梁防撞护栏应提高一个以上等级。

①连续长下坡路段或弯道半径接近最小半径要求。

②桥梁高度为 30 m 以上。

③设计交通量中,大型车辆(25 t 以上)比例超过 20%。

④跨越大型饮用水水源一级保护区或高铁线路以及特大悬索桥、斜拉桥等,防护等级宜采用八(HA)级。

对于兼顾人行道的桥梁,当设计速度不大于 60 km/h 时,可采用路缘石分离人流和车流;当设计速度大于 60 km/h 时,需要设置路侧防撞护栏分离人流和车流。

桥梁防撞护栏的横向设计要求与路侧防撞护栏类似,需保证行车道边缘与防撞护栏间距一定,具体取值详见表 2.17。

3)常见护栏形式

国外桥梁护栏的设置往往与道路设计速度、桥梁大小、设计交通流量等密切相关,形式上以刚性护栏为主,如图 2.86 所示。

（a）木质护栏（TL-1）

（b）混凝土护栏（TL-2）

（c）双立柱桥梁护栏（TL-3）

（d）F形桥梁护栏（TL-4）

（e）高混凝土安全型桥梁护栏（TL-5）　　　　　　（f）双T形混凝土护栏（TL-6）

图2.86　美国MASH各防护等级桥梁防撞护栏示意图

注：一般条件下，桥梁栏杆应采用TL-3级或以上，TL-1（2）常见于城市或交通流较小的道路。

2.8.7　防撞护栏端头设计

防撞护栏位于起点、终点及开口处的护栏板都需进行端头处理。在未设置端头或端头设置不合理的情况下，极易造成车辆与护栏产生碰撞时端梁刺穿乘客车厢。即使车辆未被刺穿，也可能发生因车速剧减而导致车辆反弹甚至抛飞，进而形成二次伤害。合理设置端头，能够使车辆在发生碰撞时得到有效缓冲、减速并安全停止，或者将其导向正确的行驶方向。通过对我国交通事故进行统计发现，虽然我国大部分普通公路基本上按照规范要求设置了相应的安全设施，但是路侧护栏端部仍然是交通事故的多发点，尤其是路基段护栏上游端头、桥梁护栏端部及其过渡段等（图2.87）。

常见的端头形式可分为分设型和组合型两种。端头设计的主要影响因素通常包括端头与防撞护栏系统的兼容性、防护性能（如吸能效果等）、端头场地平整度、中央防撞护栏开口以及过渡段设计等。本节简要介绍了常见的护栏端头形式、防护性能、影响因素以及设计要点。

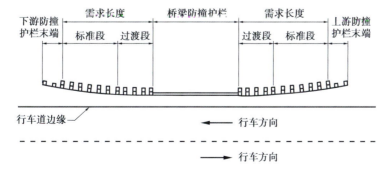

图2.87　防撞护栏端点与过渡点位置示意图

1)一般护栏端头处理

常见的防撞护栏端头处理方式以 3 种形式表现:地锚式、后置式以及防撞垫。其中,后置式和防撞垫形式可以通过采用解体消能设计,吸收车辆撞击能量,减少碰撞所造成的伤害。

地锚式常见于柔性或半刚性防撞护栏系统,通过将防撞护栏延伸至路面以下来实现防护目的。该类端头并不是有效的耐撞结构,较常应用于单行道路的路侧防撞护栏处理,或置于路侧净区外的端头[图2.88(a)]。

（a）地锚式　　　　　　　　　　　　　　（b）后置埋置式

（c）后置外展式　　　　　　　　　　　　（d）防撞垫

图 2.88　常见防撞护栏端头形式

后置式是将防撞护栏末端由行车道边缘偏移至路侧净区,常见的主要形式包括一般末端处理、末端外展或埋至路侧挖方边坡[图2.88(b)和图2.88(c)]。

防撞垫处理是一种有效的防撞措施,常见于刚性防撞护栏端头、固定障碍物或桥墩防护的应用[图2.88(d)],详见2.8.8节。

端头与防撞护栏系统的一体化设计关系着整个防护系统的协调性,尤其是防撞护栏的防护等级。国内《公路交通安全设施设计细则》(JTG/T D81—2017)提供了不同设计速度和设计防护速度条件下的防护等级要求,如表2.19所示。

表 2.19　国内防撞护栏端头防护等级要求

设计速度/(km·h⁻¹)	设计防护速度/(km·h⁻¹)	防护等级
120	100	三(TS)级
100	80	二(TA)级
80	60	一(TB)级

2)端头防护性能

防撞护栏端头的防护性能主要受以下 3 个因素影响。

(1)是否为解体消能结构

具有解体消能结构的防撞护栏端头可使事故车辆在极短的距离(15 m 内,实际距离与具体结构相关)内实现制动停车,常见于直线型的路侧或中央防撞护栏端头。非解体消能的防撞护栏端头无法在短距离内(一般大于 75 m)实现事故车辆的制动,常见于偏移式的防撞护栏端头。此外,在路侧条件不良或车辆无法在路侧区域安全制动的条件下,解体消能防撞护栏的端头往往是工程师的最佳选择。

(2)外展式或直线式端头

外展式所需要考虑的偏移渐变率建议可参考表2.20。除此以外,防撞护栏端部相对于防撞护栏的安装位置还应保持最小偏移距离。直线式(平行式)端头应偏移0.3~0.6 m,外展式端头的偏移距离应为 1.2 m。一般而言,外展式端头比直线式更符合宽容性设计理念,因为在所有条件均相同的前提下,外展式端头被车辆撞击的可能性明显比非外展式端头低。

表 2.20　防撞护栏端部渐变率建议值

设计速度/(km·h⁻¹)	行车道边缘净区内侧的护栏渐变率	行车道边缘净区外侧的护栏渐变率	
		刚性防撞护栏	半刚性防撞护栏
120	—	1C:22P	1C:17P
110	1C:30P	1C:20P	1C:15P
100	1C:26P	1C:18P	1C:14P
90	1C:24P	1C:16P	1C:12P
80	1C:21P	1C:14P	1C:11P
70	1C:18P	1C:12P	1C:10P
60	1C:16P	1C:10P	1C:8P
50	1C:13P	1C:8P	1C:7P

注:C 为沿道路方向的长度,P 为垂直于道路方向的长度。

（3）端头的防护长度

端头防护长度的计算在后文提供了较为详细的计算公式与相关参数，详情可参考本小节"端头设计影响要素"中"（4）端部延伸长度"内容。

3）端头设计影响要素

（1）场地平整度要求

场地坡比设计在 2.4 节中已有所提及，本节主要作为前述内容的补充。为确保事故游离车辆冲出正常行驶区域后能平稳停车或调整行驶状态，以便返回道路正常行驶，防撞护栏端部的场地边坡坡比一般需小于 1∶10，如图 2.89 所示。此外，行车道边缘至一般防撞护栏间的横坡亦当如此。

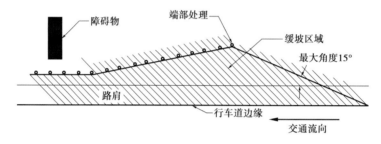

图 2.89　防撞护栏端部场地平整区域示意图

除需满足基本的路侧横坡坡比需求外，防撞护栏端头设计还应考虑护栏外侧的缓坡延伸。其中，针对事故车辆可能撞击的端头区域，外侧缓坡延伸宽度应不小于 1.5 m，一般防撞护栏的外侧缓坡延伸宽度应不小于 0.6 m。外侧缓坡延伸宽度范围内的坡比应尽可能平缓，但坡比不能大于 1∶4。详细情况如图 2.90 所示。

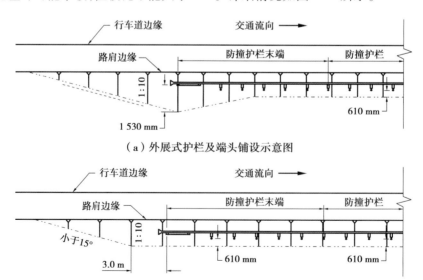

（a）外展式护栏及端头铺设示意图

（b）直线式护栏及端头铺设示意图（建议值）

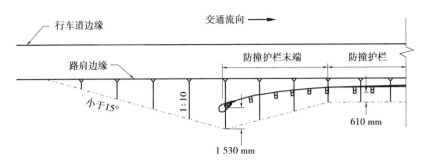

（c）直线式护栏及端头铺设示意图（一般值）

图 2.90　防撞护栏端头设计示意图

国内相关规范未对防撞护栏端部场地的横坡作出具体要求。从宽容性设计的角度出发，建议道路工程师对防撞护栏端部横坡设计从严考虑。在有条件的情况下，端部场地横坡宜按最小值 1∶10 设计。

（2）中央分隔带开口

一般城市道路的中央防撞护栏或中央分隔带应尽可能避免开口设计（高速公路、快速路除外）。若实际工程存在开口需求，工程师应分别从行车舒适度、转弯视距、行车安全、防护等级一致等多角度考虑，具体体现在以下 4 个方面。

①在行车舒适度方面。调头车道应设置基本的道路横坡。

②在转弯视距方面。在开口位置应避免设置任何可能遮挡视线的障碍物或植被。

③在行车安全方面。中央防撞护栏开口应增设防撞垫等设施或对护栏端部作特殊处理，避免产生潜在的安全隐患。

④在防撞护栏系统方面。开口防撞护栏应与衔接的防撞护栏防护等级及性能等指标保持一致。而国内《公路交通安全设施设计规范》（JTG D81—2017）规定，在线形条件良好的条件下，经论证可适当降低 1~2 个级别（不得低于设计等级道路防护等级的最低要求）。

此外，还应对防撞护栏端部作适当偏移，且上、下游端部连接线与交通流向夹角应不小于 25°，以确保掉头车辆获得足够的转向空间，如图 2.91 所示。

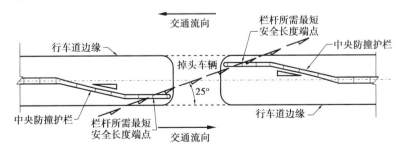

图 2.91　中央分隔带开口平面示意图

（3）端部渐变率

防撞护栏端部的渐变常见于防撞护栏端部及不同防撞护栏系统的过渡等位置，其目的主要是减少驾驶员因防撞护栏端部处置不当而造成的交通伤亡事故，如图 2.92 所示。

图 2.92　防撞护栏端部事故

因此，通过设置一定的渐变率实现路侧防撞护栏的外侧偏移，有助于降低相应位置的交通事故风险，减小事故伤亡与财产损失。

针对路侧防撞护栏的外延渐变率，美国 RDG 与我国《公路交通安全设施设计细则》（JTG/T D81—2017）均对此提出了明确的要求。尽管两者内容有部分重叠，但从其互相补充的内容来看，基本覆盖了设计速度在 50～120 km/h 内各水平条件下的路侧防撞护栏渐变率，具体可参见表 2.20。

行车道边缘净区的建议偏移宽度取值详见表 2.21。

表 2.21　行车道边缘净区建议偏移宽度取值

设计速度/(km·h⁻¹)	建议偏移宽度/m	设计速度/(km·h⁻¹)	建议偏移宽度/m
50	1.1	90	2.2
60	1.4	100	2.4
70	1.7	110	2.8
80	2.0	120	3.2

（4）端部延伸长度

本节主要介绍防撞护栏的端部设计中防撞护栏外延段长度要求与计算，相关参数简图如图 2.93 所示。

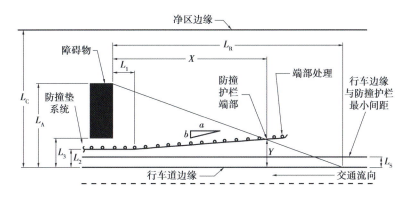

图 2.93　端部长度参数简图

图 2.93 中的防撞垫系统(图 2.94)一般为吸能结构,通过其自身的变形减少事故车辆的动能,进而减少事故伤亡与财产损失。

图 2.94　防撞垫系统示意图

图 2.93 中的各参数含义如下:

①L_A:道路侧向障碍物远端与行车道边缘间距。

②L_R:车辆预计冲出道路的位置至路侧障碍物防护位置的道路纵向间距。

③L_C:路侧净区宽度,详见 2.4.3 节。

④L_1:平行于行车道边缘的防撞护栏延伸长度。

⑤L_2:行车道边缘与防撞护栏间距。

⑥b/a:防撞护栏渐变率,详见表 2.20。

⑦X:端部延伸长度。

上述参数中,L_A 与 L_R 是设计人员需要重点考虑的参数。L_R 可根据表 2.22 进行选择。L_A 需结合防撞护栏后方实际的障碍物体积加以确定。

表 2.22 L_R 建议取值   单位:m

设计速度 /(km·h⁻¹)	设计日交通量 ADT/(veh·d⁻¹)			
	>10 000	5 000~10 000	1 000~5 000	<1 000
130	143	131	116	101
110	110	101	88	76
100	91	76	64	61
80	70	58	49	46
60	49	40	34	30
50	34	27	24	21

在各参数确定后,可由式(2.1)计算获得最终的防撞护栏端部延伸长度 X。

$$X = \frac{L_A + b/a \cdot L_1 - L_2}{b/a + L_A/L_R} \tag{2.1}$$

当防撞护栏端部不选择以渐变方式向道路外侧延伸时,式(2.1)可简化为:

$$X = \frac{(L_A - L_2)L_R}{L_A} \tag{2.2}$$

相较于国外的参数化计算,我国《公路交通安全设施设计细则》(JTG/T D81—2017)提出了以下两种方法用于确定防撞护栏端部延伸长度。

①设计者可根据车辆驶出的角度、速度(设计速度、运行速度、限制速度)、防撞护栏与行车道边缘间距以及路侧净区的数值计算防撞护栏端部的延伸长度,但该细则未给出明确的计算方法。

②国内标准根据经验直接给出了延伸长度的具体数值,以供设计人员参考,如表 2.23 所示。

表 2.23 国内防撞护栏端部延伸长度建议值   单位:m

设计速度/ (km·h⁻¹)	事故情况	
	一般情况	事故高发情况
≤40	8	25
50	30	40
60	40	55
70	50	70

续表

设计速度/ (km·h⁻¹)	事故情况	
	一般情况	事故高发情况
80	60	85
90	75	100
100	90	120
≥110	110	150

通过上述方法获得的防撞护栏端部延伸长度还应再作适当调整。

①防撞护栏的标准长度:国内防撞护栏的规格一般为 2 m 或 4 m,该值为规范要求的固定值。

②延伸长度的起点位置:防撞护栏延伸长度的起点位置应作适当延伸,确保防撞护栏对事故车辆的导向作用,尽量避免车辆向道路外侧冲去。

③地锚式防撞护栏端部:地锚式防撞护栏端部一般适用于挖方或离挖方边坡较近的路段。

④抛物线式渐变延伸段:一般渐变延伸段为支线,但部分位于平曲线路段防撞护栏端部则需要采用抛物线式的渐变延伸。无论在何种曲线条件下,防撞护栏延伸段长度增加值的设置必须确保抛物线的渐变率满足表 2.20 的要求。

上述防撞护栏延伸段的设计方法仅针对防撞护栏一侧相邻车道交通流的情况。就双向交通流而言,还应考虑对向车辆发生事故时对护栏的冲击影响。如图 2.95 所示为双向交通流且不设中央分隔带的情况。

相较于图 2.93,图 2.95 中多了参数 Y(对向行车道边缘与防撞护栏延伸段端点的间距),其他参数同图 2.93,其计算式如式(2.3)所示。

$$Y = L_A - L_A / L_R \cdot X \tag{2.3}$$

图 2.96 所示情况应根据事故车辆的冲出行车角度进行判断,且必须确保障碍物完全置于防撞护栏的保护区域内。一般做法是在原有防撞护栏的延伸长度基础上,反向延伸 1~2 个单位长度的防撞护栏。按国内标准计算,反向延伸长度应为 2~4 m。

需要注意的是,对于相同的指标,国内相对国外更加严苛,尤其对于反向延伸段而言。国内相关规范要求,防撞护栏的反向延伸段应根据道路规模与防撞护栏的延伸段长度制定。双车道道路的反向延伸段应等于延伸段长度,四车道及其以上道路的防撞护栏反向延伸段应为延伸段的 0.5 倍。

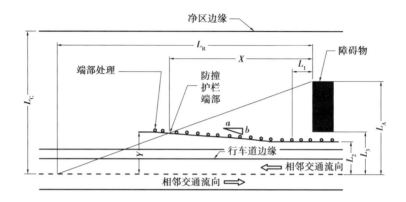

图 2.95　面向双向无分隔带交通流的对向交通的防撞护栏延伸段设计

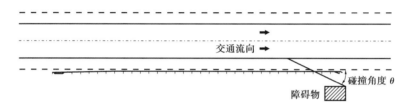

图 2.96　面向单向交通流或设置中央分隔带的防撞护栏延伸段设计

4)特殊位置的防撞护栏端头处理

(1)平曲线位置的防撞护栏端头处理

不同于一般直线段的防撞护栏端部处理,平曲线部分的防撞护栏端部设计主要有以下两个特点。

①平曲线位置一般不采用渐变率设计。

②车辆预计冲出道路的位置至路侧障碍物防护位置的道路纵向间距 L_R 不能直接用于防撞护栏延伸段的计算。在工程计算中,应取行车道边缘切线延长线至路侧净区边缘间距 L_T(图 2.97)与 L_R(表 2.22 的建议值)的较大值作为计算依据。

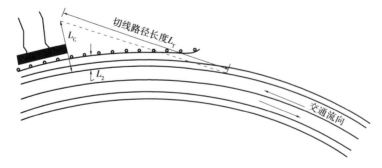

图 2.97　平曲线防撞护栏端部设计示意图

（2）桥头防撞护栏过渡

桥梁与路侧防撞护栏的过渡段一般是刚性防撞护栏（桥梁部分）与半刚性防撞护栏（道路部分）的过渡，如图 2.98 所示。

图 2.98　桥梁防撞护栏与路侧防撞护栏过渡示意图

为确保该类过渡段的安全设计，宜遵循以下 4 点设计指引。

①过渡段的设计应确保其牢固性，宜采用现浇的施工方式。

②确保防撞护栏立柱的稳定性。

③过渡段的长度宜为防撞护栏侧向偏移值的 10~12 倍。

④过渡段与桥梁部分防撞护栏和道路部分防撞护栏宜保持一定的连续性，如采取减小立柱间隔等措施。

2.8.8　防撞垫

1）基本要求

防撞垫一般是用于防护固定障碍物（如非解体消能结构标志物、大型乔木、桥墩等）、匝道端部与防撞护栏端头，以减少事故车辆直接撞击所造成的伤亡。

防撞垫的设置主要基于两个原则：动能原理和动量守恒原理。

对于新建道路，防撞垫不宜与路缘一同设置，否则将无法起到预期效果。若两者需同时设置，则路缘高度应不大于 100 mm，这一原则适用于既有道路的所有改建或提档升级项目。

防撞垫的填砂密度宜为 1 600 kg/m³,且含水率不应大于 3%。若填砂的含水率较高且工程当地气温存在连续多日低于冰点以下的情况,应根据气候条件混合 5% ~ 25% 的盐块。此外,如有可能,宜以小鹅卵石代替填砂,以避免结冰。

2)设计原理

(1)动能原理

动能原理是指将事故车辆的动能转换为车辆与防撞垫的变形所需的机械能,主要用于确定防撞垫的撞击能与防护等级。不同防护等级防撞垫的撞击机械能可参考表 2.13、表 2.14、表 2.19 进行选择。

(2)动量守恒原理

动量守恒是根据动量守恒定理与目标防护等级确定防撞垫的布局与质量。

防撞垫的尺寸可参考《公路防撞桶》(GB/T 28650—2012)。由于国内没有明确的防撞垫标准质量规定,本文参考美国 AASHTO 建议的标准质量:91 kg,182 kg,318 kg,636 kg,955 kg,共 5 个等级,填充物以砂石为主。

理论上,基于动量守恒原理设计的防撞垫并不能完全使车辆制动。根据国外的相关实验与实践经验可知,防撞垫至少可以使车速降低 16 km/h,计算示意如图 2.99 所示。计算的全过程与结果,如图 2.100 所示。

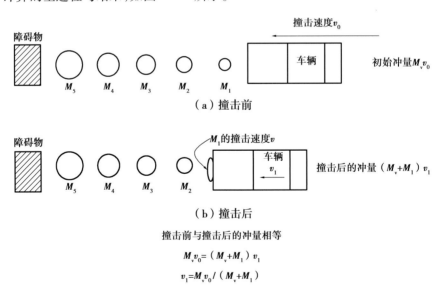

图 2.99　动量计算示意图

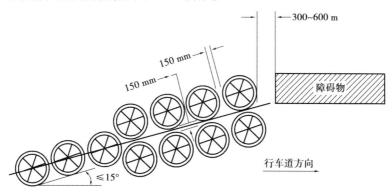

M_1/kg	820 kg车辆				2 000 kg车辆				
	v_0/ (m·s^{-1})	v_1/ (m·s^{-1})	G	t/s	v_0/ (m·s^{-1})	v_1/ (m·s^{-1})	G	t/s	
90	27.8	25.0	7.40	0.038	27.8	26.6	3.31	0.037	
90	25.0	22.6	6.01	0.042	26.6	25.4	3.04	0.038	
180	22.6	18.5	8.50	0.049	25.4	23.3	5.22	0.041	
320	18.5	13.3	8.42	0.063	23.3	20.1	7.13	0.046	
640	13.3	7.5	6.18	0.096	20.1	15.2	8.79	0.057	
1 280	7.5	2.9	2.41	0.192	15.2	9.3	7.44	0.082	
1 280					9.3	5.7	2.77	0.134	
1 280					5.7	3.5*	1.03	0.219	

$v_1 = \dfrac{M_v v_0}{M_v + M_1}$

M_v=整车质量

v_0=原始速度

M_1=障碍物质量

v_1=撞击首排障
　　碍物后的行
　　驶车速

$a=(v_0^2+v_1^2)/2D$

D=减速时间

a=减速率

$G=a/g$

g=重力加速度

G=减速力

t=发生时间

$t=(v_0-v_1)/a_1$

图 2.100　基于动量守恒原理的计算过程与结果示意图

为使防撞垫的防撞性能最大化,宜将防撞垫组的排布方向作出相应调整,调整依据为事故车辆潜在撞击角度,如图 2.101 所示。

图 2.101　防撞垫平面布置

3)防撞垫设计的影响要素

防撞垫的设计主要受项目的物理条件、配备功能等因素影响,可总结为以下 4 个方面,仅供设计人员参考。

(1)平面布局与结构设施安全

在初步设计中即需提出明确的防撞垫布局方案(防撞垫组的平面布局及其相应的安全设计指标等),以便于后期施工图设计和防撞垫安装。如图 2.102、表 2.24 所示的匝道端部防撞垫布局规格、参数,可供工程师参考。

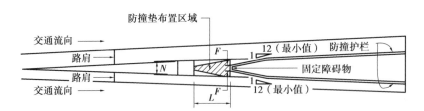

图 2.102　匝道端部防撞垫平面布局

表 2.24　匝道端部防撞垫布局参数要求

主线设计速度 /(km·h⁻¹)	最小值/m						建议值/m		
	困难条件			一般条件					
	N	L	F	N	L	F	N	L	F
50	2	2.5	0.5	2.5	3.5	1	3.5	5	1.5
80	2	5	0.5	2.5	7.5	1	3.5	10	1.5
110	2	8.5	0.5	2.5	13.5	1	3.5	17	1.5
130	2	11	0.5	2.5	17	1	3.5	21	1.5

表 2.24 中的 N、L、F 均为初设阶段的设计目标,分别代表防撞垫设置区域的期望宽度、长度以及固定障碍物能得到有效防护的最大宽度。

（2）成本

应综合考虑包括材料、平场、施工以及维护在内的成本因素。在选择某个防撞系统时,平场成本可能会很高。而在事故多发地,在选择防撞系统时也需要考虑维修或更换所带来的全寿命周期成本。

（3）维护条件与特点

防撞垫的维护应根据实际防撞垫的类型、材料、应用条件等,并结合厂商的建议进行维护。在整个防撞垫的生命周期内,维护工作应注意以下 4 点。

①尽量避免设置在靠近行人的位置,以防止不必要的破坏。

②由于防撞垫(桶)是塑料制品,受紫外线照射易脆化,故应定期检查。塑料防撞桶的最长使用年限不宜超过 10 年。

③事故多发地段或多发点宜采用具有自由修复特性的防撞垫系统,即柔性大于刚性的防撞垫。

④防撞垫较大时,对于事故车辆的导向作用要强于消能作用,可根据实际情况选用,如滚筒式防撞护栏。

（4）其他因素

对防撞垫的类型选择还应考虑防撞垫本身的维护成本、布设位置的历史事故数据以及道路的设计日交通量,具体体现在：

①不可重复使用的防撞垫：适用于设计平均日交通量小于 25 000 pcu；历史事故数或期望事故数较少；与行车道距离不小于 3 m 的路段或路侧净区外侧。参考实例如图2.103所示。

（a）

（b）

图 2.103　不可重复使用的防撞垫

②可重复使用的防撞垫：适用于设计平均日交通量小于 25 000 pcu；历史事故数或期望事故数适中；与行车道距离不小于 3 m 的路段。参考实例如图 2.104 所示。

③低维护或可自修复的防撞垫：适用于设计平均日交通量不小于 25 000 pcu；历史事故数或期望事故数较多；与行车道距离小于 3 m；匝道端部。参考实例如图2.105所示。

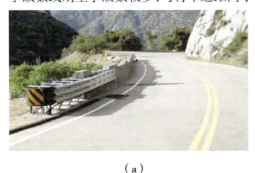
（a）

（b）

图 2.104　可重复使用的防撞垫

（a）

（b）

图 2.105　低维护或可自修复的防撞垫

2.8.9 其他防撞措施

1）路缘石

如 2.7 节所述，路缘石常作为附属排水设施，将雨水引流到附近的集水池或者其他排水结构中去。而在工程实践中，传统的垂直路缘石因为极易使偏移车辆跳跃、俯冲甚至翻车，所以往往不鼓励在公路上设置路缘石。国内标准中，《城市道路交通设施设计规范》（GB 50688—2011，2019 年版）仅明确了在公路桥梁上设置路侧及中央分隔带处的路缘石要求："快速路桥梁车行道外侧应设置防撞护栏，其他等级道路桥梁车行道外侧应采用防撞护栏或高路缘石进行防护。"高路缘石的设置要求应符合现行行业标准《城市桥梁设计规范》（CJJ 11—2011，2019 年版）的相关规定。而对设计速度为 60 km/h 的城市主干路上的桥梁应设置中央分隔带防撞护栏或 25 cm 以上的高路缘石，设置高路缘石时，中央分隔带宽度不得小于 2.0 m，路缘石高度宜为 25～35 cm。

国外标准中，美国"绿皮书"对公路设置路缘石的建议是：当把路缘石与防撞护栏结合使用时，例如在桥梁上，应考虑防撞护栏的类型和高度。路缘石设置在防撞护栏前可能导致不可预测的碰撞轨迹。如果路缘与防撞护栏一起使用，垂直路缘石的高度应限制在 100 mm 以内，或者应该是倾斜型的，最好是与障碍面齐平或在障碍面后面。路缘石不应和混凝土中央分隔带护栏同时使用。设置不当的路缘石可能会导致车辆越过或撞击混凝土中间障碍物，导致车辆倾覆。常见路缘石类型如图 2.106 所示。

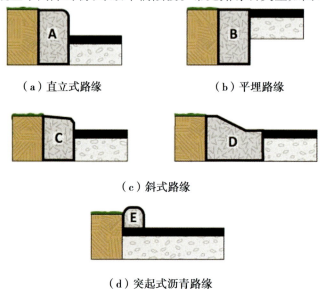

（a）直立式路缘　　　　　　　　　　（b）平埋路缘

（c）斜式路缘

（d）突起式沥青路缘

图 2.106　常见路缘石类型示意图

美国 RDG 中,只有两种安全护栏被防撞实验证实可以安全地与路缘石一起使用,即 MGS（Midwest guardrail system）护栏系统（图 2.107）和 Trinity T-31 护栏系统（图 2.108）。

图 2.107　MGS 护栏系统

图 2.108　Trinity T-31 护栏系统

在无法选择特定护栏系统且必须设置路缘石的情况下,可考虑使用倾斜型路缘石并配合以下 4 种设计。

①当使用双波形护栏时,可将波形横梁锚固在立柱后方。

②嵌套横梁。

③缩小立柱间距。

④增加滑轨的使用。

值得注意的是,护栏与路缘石应该侧面对齐,以防止事故车辆跳跃。当防撞护栏和路缘石无法对齐时,RDG 也明确了最小横向偏移距离。因为大量防撞实验数据表明,在不同时速下,横向有效偏移距离有助于车辆悬架及时归位。当悬架和保险杠回到初始位置时,车辆对护栏的冲击严重性会大大降低。路缘石的设置距离具体如表2.25所示。

表 2.25　路缘石与安全护栏组合设置建议

设计时速/($km \cdot h^{-1}$)	路缘石与安全护栏组合设置建议
<70	两者处于同一平面或者相距 2.5 m 以上,路缘石高度不超过 150 mm
70~80	两者处于同一平面或者相距 4.0 m 以上,路缘石高度不超过 100 mm
80~100	两者处于同一平面,路缘石高度不超过 100 mm
>100	两者处于同一平面且路缘石斜度不大于 1∶3,路缘石高度不超过 100 mm

2)边坡

《公路交通安全设施设计细则》(JTG/T D81—2017)路基护栏设置原则中指出:决定是否设置路堤护栏的关键因素是路堤高度和边坡坡度。然而在大部分情况下,边坡均指下边坡。在常见的高速公路中,路基横断面形式除了有一般的路堤和半填半挖路基外,还有路堑(图 2.109)。

图 2.109　路堑示意图

路堑作为低于原地面的一种路基形式,多存在于山区高等级公路,以达到截弯取直、降低纵坡的作用。

对于纵向的路堑边坡,当坡面较为平整、无障碍物,且边坡结构通过稳定性分析时,通常不会构成严重的路侧危害。且其上边坡的特性对驾驶车辆有一定的警示作用,可以根据边坡具体情况不采取其他防护;但如果路堑上有锯齿状岩石,可能造成车辆翻车或者"卡住"时,则需要设置适当的护栏对边坡进行防护。

2.9　道路绿化

在全球范围内,偏离道路的车辆与树木、电线杆及道路标志等障碍物的相撞是一个主要的道路安全问题。仅车辆与树木的碰撞事故就占每年所有障碍物碰撞死亡事故总数的近25%,并导致每年近3 000人的死亡。与之前所述的路侧设施不同,道路绿化即树植,属于不可控路侧元素。除了对树木的类型和位置选择都很谨慎的景观美化工程之外,设计者经常要面临的一个问题就是如何处理事故多发地点的既有路侧树植。

通常一棵既有的预期成熟尺寸超过100 mm高的树木被认为是一个障碍物。当树丛或灌木丛之间间距很近时,就可以把它们看作某单棵树植的影响效果。如2.4节所述,净区范围主要取决于道路行车速度、交通量和路侧边坡设计。实际工程中,可以通过分析公路不同路段来确定需要移除的单棵树木或树丛。尤其是乡村和城镇公路,由于尺寸受限,路外可恢复区域较窄,因此在因树植碰撞而导致的交通死亡事故中占比较重,所以需要特别注意乡村和城镇公路的树植处理。

城市绿化的宽容性设计优先级应为"A 事前规划—B 事中维护—C 事后修正"。主要原则是:尽可能使驾驶员不驶出道路;减轻车辆离开边路后与沿线树木发生碰撞的危险。各优先级的总体目标及策略如表2.26所示。美国《路侧树木管理指南》(*A Guide To Management of Roadside Trees*)分路内和路外制订了一系列可采取的措施。

路内可采取的措施包括设置道路标线、设置道路振动带、设置信号标志、安装反光灯、改善道路设计。

路外可采取的措施主要包括移走树木和对树木进行防护。

表 2.26　减少事故率的城市绿化布局策略

优先级	总体目标	基本策略
A 事前规划	通过合理规划避免绿植在事故高发点或高发路段成为安全隐患	A1 避免在事故高发点种植灌木或乔木； A2 种草
B 事中维护	通过多种措施消除路侧绿化带来的安全问题	B1 修剪净区内的树植以防止过度繁衍； B2 利用标志标线尽可能使驾驶者不驶出道路
C 事后修正	减少潜在风险条件或减少事故伤亡	C1 移除灌木、乔木等具备障碍属性的绿化； C2 增设防撞护栏等防护设施； C3 调整路侧净区邻近的绿植； C4 设置警示标志

2.10　其他路侧设施

2.10.1　市政杆柱

车辆碰撞公用事业杆柱（如信号、照明支撑等）的事故率仅次于与树植的碰撞。事故严重程度与杆柱的使用数量、距道路距离及其材料属性密切相关。

对于信号和照明支撑,最理想的解决方案就是将其安置在最不易被撞的地方。例如:将电线和电话线埋设在地下以减少障碍物的数量;对不能减少或移位的杆柱可以设计为解体消能结构。

对于新建项目或重建项目,应尽可能地使这些市政杆柱的位置远离道路。AASHTO 对在道路路权范围内布局市政杆柱提供了更多信息。

对于现存杆柱,如果发现某个位置的交通事故,或某种特定碰撞类型较为集中,则需要分析现有市政系统是否是导致事故的潜在原因。与其他碰撞类型分析一样,可以按如下步骤进行分析并提出解决方案。

①建立一个交通记录系统。

②找出高频率碰撞位置点。

③分析高频率碰撞位置点。

④修正高频率碰撞位置点。

⑤检查程序结果。

⑥针对路侧杆柱设置所明确提出的一些对策：

a.设置地下公用事业线路（取代地上杆柱）；

b.增加杆的横向偏移；

c.增加杆的间距；

d.同杆架设；

e.对所选择的杆柱提供适当防护（如加设反光设计等）；

f.解体消能设计。

2.10.2　振荡标线

振荡标线（Rumble strips）是一种道路安全装置，由较为粗糙、轻微凸起或凹陷且断断续续的路面结构构成。当道路使用者偏离道路或漂移到对面的车道上时，振荡标线多用于发出可感受到的振动感和可听到的警告摩擦声。其目的是通过引起驾驶员的注意，减少因疲劳驾驶或疏忽大意而引起的交通事故。振荡标线主要分为滚花式（Milled rumble strip）和抬起式（Raised rumble strip）。

滚花式振荡标线是由机器使用旋转工具在路面上制造的凹槽。当轮胎在凹槽上滚动时，会压入凹槽，产生噪声和振动。标线通常设置成深 1.2 cm，宽 12~18 cm，长 30~40 cm。改变这些凹槽的深度、宽度和长度可以产生不同的声音和振动。通常来说，振荡标线越宽、越深，在合理范围内，将产生更多的声音和振动［图 2.110(a)］。

（a）滚花式振荡标线　　　　　　　　　　　（b）抬起式振荡标线

图 2.110　滚花式和抬起式振荡标线

抬起式振荡标线可用于新建或现有道路。这些圆形或矩形的"障碍物"一般有 5~30 cm 宽，并附着在路面上。由于这类标线通常高于现有路面 0.6~1.2 cm，不建议在下雪地区使用，因为他们会影响积雪清除。抬起式振荡标线通常尺寸较小，普遍认为抬起式不如滚花式振荡标线警示效果显著［图 2.110(b)］。

振荡标线根据可设置的位置分为路肩振荡标线、中央振荡标线和横向振荡标线。

（1）路肩振荡标线

当振荡标线设置在路肩时,其主要目的是防止车辆离开路面和引起驾驶者对车道位置的注意。路肩振荡标线通常用于交通流量较大的道路,设置在车道边缘的外部标记外侧（图2.111）。主要设计参数包括：

①距车道线外缘偏移量 A；

②长度 B；

③宽度 C；

④深度 D；

⑤间距 E；

⑥行车道出口 F。

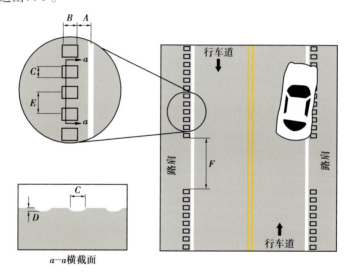

图 2.111　路肩振荡标线设置区域示意图

此类振荡标线不应设置在自行车路线的路肩上,除非路肩上全部留有至少 1.2 m 宽的无阻碍通道。此类振荡标线也不得设置在交叉口、行车道、转弯车道、匝道进出口以及结构物（如桥梁）之上。另外,在由于设置栏杆、路缘石等导致有效路宽变窄的路段,也需谨慎设置振荡标线。

（2）中央振荡标线

中央振荡标线一般沿单块板双车道的中心线铺设,中心线设置在振荡标线之上。车道的宽度也是影响中央振荡标线设置的因素。因为车辆在与振荡标线接触时,驾驶员很容易下意识偏离中线。如果在狭窄的车道上安装中心线振荡带,可能会导致驾驶员过度靠右行驶或驶离路面而造成安全问题。

（3）横向振荡标线

横向振荡标线多用于警示司机前方的道路变化,比如变道或者需要停车时。常见设置横向振荡标线的地方包括临近交叉口、收费站以及施工区等区域。横向振荡标线之间的间隔通常较小,能够让驾驶者产生目前车速过快的感觉并立即采取行动。

其他主要横向振荡标线设计原则包括:

①横向振荡标线是横向面对车流的,因此无论是在潮湿还是干燥的气候环境中,其设置都不可以影响路面的抗滑性。

②在城市中,虽然横向振荡标线之间的间距较小,但仍要保证振荡标线不会引发司机非必要的刹车或突然转动方向盘。

③横向振荡标线不应出现在横向或纵向的急弯处。

第3章　道路施工区域及其设施要素设计

3.1　施工区域

城市道路与公路的施工区域设计与一般道路设计有很大的相似性,但也存在较为显著的差异。首先,施工区域使用寿命较短。道路设施的使用频率和使用寿命是密切相关的,这一点要在涉及安全和成本的设计决策中予以考虑;其次,施工区域的设计相较一般道路易受到更多的限制。施工区道路线形和横断面替代方案的可行性往往会受到现有设施、成本以及工期等多重因素的制约。

本章旨在结合国内外经验,对宽容性理念中施工区及区域内安全设施的相关设计建议进行介绍,为设计人员提供参考。

3.1.1　施工区组成

国内外对施工区组成的定义是较为一致的。包括我国《城市道路施工作业交通组织规范》(GA/T 900—2010)、美国 MUTCD 等在内的多个设计指导文件都明确了施工区组成,自开始至结束可以分为如下 5 个区域(图 3.1)。

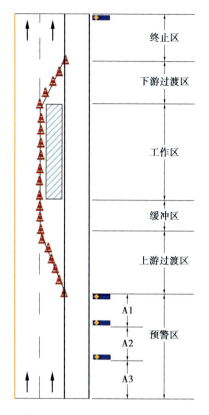

图 3.1　施工作业控制区各组成部分示意图

1）预警区

预警区即道路使用者被告知前方有施工或交通事件的道路路段。预警区的警示方式可以是设置单个或多个标志或提示灯。该区可分为 A1，A2，A3 这 3 个区域，分别代表到上游过渡区之前 3 个标志的设置间距。MUTCD 提供的预警区最小间距建议值详见表 3.1。第 1 个预警标志间距的确定，以道路限速的 4~8 倍为基础。不同位置的标志间距是根据驾驶者获取信息的习惯设置的，旨在为驾驶者提供及时而充足的反应时间。

表 3.1　MUTCD 预警区标志最小间距推荐值

道路类型		预警区分段长度/m		
		A1	A2	A3
城市道路	快速路	300	300	400
	主干路、次干路	100	100	100
	支路	100	—	—

山地城市宽容性道路设计

续表

道路类型		预警区分段长度/m		
		A1	A2	A3
公路	高速公路	300	500	800
	一级公路	300	300	400
	二级公路	200	300	300
	三级公路	200	200	200
	四级公路	100	—	—

2)过渡区

该区域是指使用者被重新引导并驶出正常路径的道路部分。过渡区分为上游过渡区和下游过渡区,其中包括渐变段的使用。在施工过程中,渐变段长度需要根据施工区路段、周边环境以及渐变段类型(平移、合并等)设定。渐变段并非越长越好,因为延长的渐变段区域可能会造成车辆行驶速度缓慢和不必要的延迟变道。北京市《占道作业交通安全设施设置技术要求》(DB11/ 854—2012)给出了不同设计车速和车道宽度下渐变段长度的建议,《道路交通标志和标线》(GB 5768—2019)对渐变段的合理长度比例和计算方式提出了一些建议,如表 3.2、表 3.3 所示。

表 3.2 渐变段单位标准长度 L 取值

设计车速/(km·h⁻¹)	缩减的单车道宽度/m				
	3.0	3.25	3.5	3.75	4.0
30	20	20	20	20	25
40	30	35	40	40	40
50	50	50	55	60	65
60	70	75	80	90	96
70	130	140	150	160	175
80	150	160	175	185	200
90	170	180	195	210	225
100	185	205	220	235	250
110	205	220	240	260	275
120	225	245	260	280	300

118

表 3.3　施工区渐变段长度比例标准及计算公式

行车速度/(km·h^{-1})	渐变段长度/m
≤60	$L = WV^2/155$
>60	$L = 0.625W$

注:L—渐变段长度,m;V—行车速度,km/h;W—缩减宽度,m。

3)工作区

工作区是进行作业活动的公路部分。工作区的宽度和长度应根据具体作业需求确定。

4)缓冲区

缓冲区是设置在工作区之前,将道路使用者与工作区或不安全区分隔开来的区域,它也可以为偏离道路的车辆提供一定恢复空间。缓冲区域可用于分隔施工空间和交通空间(多为纵向)、交通空间与挖掘区或路缘下降区域(横向或纵向)以及两个行驶车道之间(多为横向),尤其是承担着双向交通流的车道。作为纵向缓冲时,美国MUTCD 和我国《城市道路施工作业交通组织规范》(GA/T 900—2010)给出的纵向缓冲区长度推荐值如表 3.4 所示。

表 3.4　纵向缓冲区长度建议值

MUTCD		GA/T 900—2010	
速度/(km·h^{-1})	距离/m	速度/(km·h^{-1})	距离/m
<40	35	<40	15
40	47	40	40
60	82	60	110
80	127	80	160

5)终止区

该区域是指公路中驾驶员转向其正常行驶路径的部分。终止区从作业区结束的下游延伸至最后一个临时交通控制设施处(Temporary traffic control,简称TTC)。《城市道路施工作业交通组织规范》(GA/T 900—2010)给出的终止区长度建议如表 3.5 所示。

表 3.5　终止区长度建议值

限制车速/(km·h^{-1})	终止区长度/m
≤50	10~30
50~80	30~35

3.1.2 一般设计原则

1）设计速度

施工区的设计速度应根据施工区域的几何特征确定。一般情况下,施工区设计速度等于其所在道路的设计速度。美国《国家合作公路研究计划报告 581》(*NCHRP Report 581*)提出了一个确定施工区设计速度的流程(图 3.2)。当施工区设计速度确定后,道路曲率半径和超高也随之确定。当施工区设计速度小于 60 km/h 时,也可以用它来确定视距。

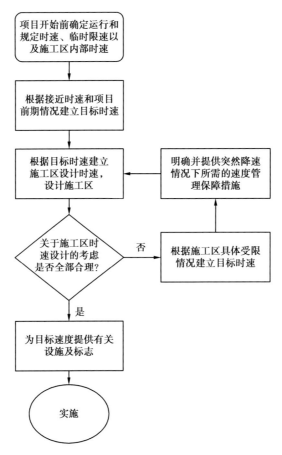

图 3.2 施工区设计速度相关决策流程

2）视距——决策视距

施工区需要考虑的视距可分为停车视距、会车视距、超车视距以及决策视距。虽然视距的数值需根据施工区规模、种类、位置等具体因素加以确定,但由于施工区的复杂特性,其自身已无法满足正常行驶的安全视距要求。如何最大化提高施工区能见度,为道路使用者提供合理视距,尤其是决策视距,使人们能够主动预见风险,是视距设计的关键。

停车视距作为最基本的道路安全运行条件,在施工区这类复杂路段,已无法满足道路使用者的安全出行需求。规划者需要提供更长的视距以及更多标识标线设施,为出行者提供充足的决策时间,决策视距的概念由此产生。决策视距常被应用在变化的道路环境中,比如车辆需要变换车道时、行车道减少及结束时、在有坡度的交叉口路边及遇到占路作业区时等。

美国 *NCHRP Report 581* 对决策视距的定义是同时满足下列情况中驾驶者所需的有效距离:a.当出现一个突发的、难以识别的、易造成视觉混淆的信息源或道路环境因素时;b.充分了解所在道路环境及其潜在威胁;c.选择合理路线;d.能够安全并高效地完成一次转弯行为。

决策视距是驾驶员检测并识别突发信息,选择合适的速度和路径,安全高效地启动并完成规定动作所需的距离,因此决策视距需要给驾驶员提供额外的误差空间及足够的长度以改变车辆行驶轨迹,而不是仅仅使车辆停下来,故决策视距的取值应大于停车视距。表 3.6 是国内外标准对一般停车视距和决策视距的对比。

表 3.6　停车视距和决策视距的对比

设计速度 /(km·h⁻¹)	《公路工程技术标准》 停车视距/m	美国"绿皮书" 停车视距/m	美国得克萨斯州交通局 标准决策视距/m
20	20	20	22
30	30	35	36
40	40	50	52
60	75	85	91
80	110	130	138
100	160	185	195
120	210	250	262

3)净区宽度

施工条件下的路侧净区是行车道边缘向路外延伸的无障碍平坦区域,也是行车道与施工区的过渡区。由于该区域的宽度受施工区布局等条件约束,且驾驶员通常在途经相关区域时会保持高度警惕。因此,施工条件下的路侧净区宽度可小于一般条件下的路侧净区。

影响施工区域净区宽度的因素较多,包括施工区所在的区域条件、交通速度、流量、道路几何线形、道路宽度和施工组织安排等。相关研究结果表明,在理想条件下,3.7~5.5 m宽的施工路侧净区更有利于邻近车道的行车安全,实际宽度的选取可参考

表3.7。若行车道紧邻施工设备或材料仓储地,施工区侧空应尽可能采用更大的净区宽度。

表 3.7 *NCHRP Report 581* 提供的施工条件下路侧净区建议值

临近限速/ /(km·h⁻¹)	ADT /(veh·d⁻¹)	前坡坡比			后坡坡比		
		≤1:6	1:6~1:5	1:3	1:3	1:5~1:4	≤1:6
55	<750 750~1 500 1 500~6 000 >6 000	1.5~2.0 2.0~2.5 2.5~3.0 3.0	1.5~2.0 2.5~3.0 3.0 3.0~3.5	**	1.5~2.0 2.0~2.5 2.5~3.0 3.0	1.5~2.0 2.0~2.5 2.5~3.0 3.0	1.5~2.0 2.0~2.5 2.5~3.0 3.0
55~80	<750 750~1 500 1 500~6 000 >6 000	2.0~2.5 3.2 3.0~3.5 4.0	2.5~3.0 3.0~4.0 4.0~5.0 4.5~5.5	**	1.5~2.0 2.0~2.5 2.5~3.0 3.0	1.5~2.0 2.5~3.0 3.0 3.5~4.0	2.0~2.5 3.0 3.0~3.5 4.0
90	<750 750~1 500 1 500~6 000 >6 000	2.5~3.0 3.0~3.5 4.0 4.0~4.5	3.0~3.5 4.0~4.5 4.5~5.5 5.0~6.0*	**	1.5~2.0 2.0~2.5 3.0 3.0~3.5	2.0~2.5 3.0 3.0~3.5 4.0	2.0~2.5 3.0~3.5 4.0 4.0~4.5
95	<750 750~1 500 1 500~6 000 >6 000	3.0~3.5 4.0~4.5 5.0~5.5 5.5~6.0*	4.0~4.5 5.0~6.0* 6.0~7.5* 7.0~8.5*	**	2.0~2.5 2.5~3.0 3.0~3.5 4.0	2.5~3.0 3.0~3.5 3.5~4.0 4.5~5.0	3.0 4.0 4.5~5.0 5.0~5.5
105	<750 750~1 500 1 500~6 000 >6 000	3.5~4.0 4.5~5.0 5.5~6.0* 5.5~6.5*	4.0~5.0 5.5~7.0* 6.5~8.0* 7.0*~8.5*	**	2.0~2.5 2.5~3.0 3.0~4.0 4.0~4.5	3.0 3.5~4.0 4.0~4.5 5.0~5.5	3.0 4.0 5.0~5.5 5.5

注:1. * 表示实用情况下净区宽度建议不超过 5.5 m。

2. ** 表示见永久性道路的净区设计建议。

3.所有的距离都是从行车道边缘开始测量。

4.ADT 是指双向道路上的双向设计日交通量或单向道路上的单向设计日交通量的总值。交通量是预期会通过工作区域的值。

5.背坡的值只适用于背坡趾的部分。

6.后坡值仅在后坡底点靠近行车道时考虑,路侧边沟见永久性道路设计建议。

7.临近标示速度是指临近工作区域之前的标示速度。

4）多模式出行

除了高速公路和一级公路,城市道路施工区大多会对道路使用者产生影响。尤其是为了不影响行车方便,施工区域往往会优先牺牲行人或非机动车的出行空间。这种做法不仅严重影响了此类道路使用者的出行便利,还极大地威胁了他们的出行安全,这与宽容性设计理念背道而驰。

针对行人或骑行者可能会受到临时交通控制设施影响的区域(TTC 区域),应设计可供其出行的便道。便道的设计应遵循以下 6 点原则。

①如果 TTC 区域影响了行人或骑行者出行,必须提供足够的行人通道、人行道或骑行区域(图 3.3)。考虑老年人、小孩、孕妇,以及听力、视觉或移动障碍人士在内的行人,还应提供清晰、明确、无障碍且连续的替代行走路径。如果 TTC 区域影响了无障碍行人设施,在替代路径上应提供相应的无障碍设施。

②保持临时便道的连通性,尽量包含达到公共交通停车站点的通道。

③必要时可以使用有顶棚的便道,以避免行人或骑行者受到施工粉尘或飞落物体的伤害。

④不应将行人或骑行者引向与施工车辆、设备和作业相冲突的区域。

⑤尽量减少作业车辆和设备穿行临时便道的通道数和频率。

⑥如果在施工期间无法建立或维持临时便道,可以提供给行人或骑行者其他的代步方法,比如在项目施工区周围增加免费的公交服务或者指派相关人员负责协助行人通过该区。

图 3.3　临时人行道

3.2 施工区域防撞设施

3.2.1 防撞护栏

施工区域的防撞护栏并非完全按照永久或临时防撞护栏的要求进行设置,而是根据实际需求和功能界定。一般施工区防撞护栏的功能要求如下:

①降低正常行驶车辆进入施工区的可能性。

②为施工人员提供防护。

③分隔双向交通。

④为临时结构,如脚手架等提供防护。

⑤分离行人和车辆交通。

1)防撞设施分类

防撞护栏可分为一般防撞护栏和临时性防撞护栏两种。一般防撞护栏的设置与公路常规防撞护栏相同,已经在第 2 章中作了详细介绍,此处不再赘述。本节主要讨论临时性防撞护栏的设置要求,仅供设计人员参考。

2)临时性防撞护栏

临时性(道路纵向)防撞护栏的使用应基于实际工程条件进行分析,分析的因素主要包括交通流量、运行速度、侧向偏移量和施工持续时间。美国 RDG 将临时性防撞护栏分为 4 类,如表 3.8 所示。

表 3.8　临时性防撞护栏分类

项目	护栏类型			
	可移动式混凝土防撞护栏	可变防撞护栏	低高度防撞护栏	水马、钢马
防护等级	视连接类型而定	TL-3	TL-2	TL-2/3
侧向撞击位移	0~1.5 m	1.5 m	0.127 m	3.8~6.9 m
应用条件	(1)双向两车道交通运行; (2)屏蔽障碍物和脚手架; (3)屏蔽路面边缘沉降	屏蔽可变车道	视距不足的城市或市郊施工区	(1)需要高便携性的屏蔽,即快速变化和紧急交通控制措施; (2)保护拥堵的城市施工区

（1）可移动式混凝土防撞护栏

可移动式混凝土防撞护栏一般为预制混凝土构件，长 2.4~9 m，外侧预留连接。单个防撞护栏构件自重为 600~1 070 kg/m，实际质量视构件横截面、几何特征和钢筋量而定。

此外，可移动式混凝土防撞护栏应设置排水槽并充分考虑排水要求，避免因混凝土防撞护栏的设置而造成路面积水。排水槽的设计不得影响防撞护栏结构的完整性。

可移动式混凝土防撞护栏的性能与其连接类型密切相关，详细连接形式如图 3.4—图 3.8 所示。不同类型防撞护栏的设置参数具体可参考 RDG 相关内容。

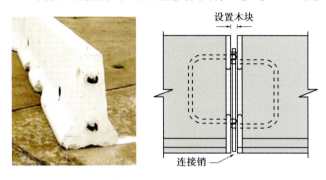

图 3.4 洛瓦式（IOWA）临时混凝土防撞护栏及内部结构示意图

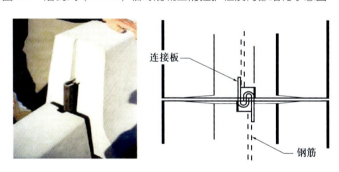

图 3.5 双 J 挂钩便携式混凝土防撞护栏及内部结构示意图

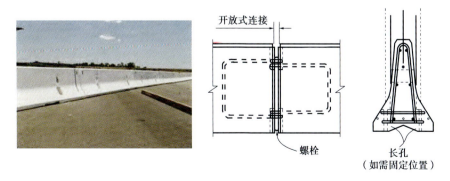

图 3.6 K-Rail 便携式混凝土防撞护栏及内部结构示意图

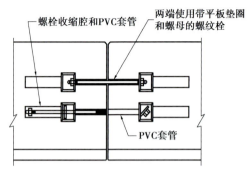

图 3.7　快速螺栓 F 形混凝土防撞护栏及内部结构示意图

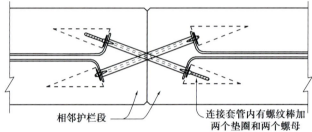

图 3.8　得州 X-Bolt F 形混凝土防撞护栏及内部结构示意图

（2）可变防撞护栏

可变防撞护栏系统（Quickchange）由一系列长度为 1 m 的改良 F 形预制混凝土构造物组成（图 3.9）。该类防撞护栏可通过配套机械设施轻便地横向移动，移动距离视机械设施的性能而定。美国 *NCHRP Report 350* 的实验结果表明，可快速变更护栏系统满足 TL-3 的防护等级要求，侧向撞击位移为 1.4 m。

图 3.9　可变防撞护栏

（3）低高度防撞护栏

低高度防撞护栏系统（图 3.10）因其构造高度远低于一般防撞护栏系统而得名，几何参数通常取：高 510 mm，长 6 100 mm，底宽 660 mm，垂直面为侧向反坡（坡比为 20∶1）。不同防撞单元之间通过顶部螺栓连接。此类防撞护栏不但能保护施工区，还具有增大驾驶员视距的作用。

图 3.10　低高度防撞护栏

（4）水马、钢马

①水马

水马是一种能起到临时性渠化作用的轻型设施。因其材料的特殊性，水马几乎无法为事故车辆提供导向或减速作用，仅能起到警示作用。故设计人员在设置水马的同时，应结合道路交通标志规范设置相应的警示标志。此外，为确保水马工作期间的整体性，还应设计起连接作用的框架结构，如图 3.11 所示。

②钢马

类似水马，钢马由不同长度的镀锌钢板构成（图 3.12）。不同的是，钢马可为事故车辆提供导向作用，并为施工区作业工人提供必要的防护。在性能上，视结构、钢材的不同，钢马作为独立防护系统，其一般侧向撞击位移为 1~4 m。若钢马设有额外固定装置，其侧向撞击位移可降低到 0.3 m；在功能上，钢马的部分中间段允许开口，开口与否视施工区需求而定。

图 3.11　水马设置示意图

图 3.12　钢马设置示意图

3.2.2　护栏端头与过渡

1) 施工区域防撞护栏端部设置

施工区域防撞护栏的端部宜按如下 5 点要求设置。

① 与既有的防撞护栏系统衔接,形成统一的防护功能。

② 结合实际交通条件,将防撞护栏以渐变的方式偏移至净区边缘。

③端部延伸并埋置于路侧后坡。

④采用倾斜式的端部,防护等级为 TL-1(可参考表 2.13、表 2.14 换算为国内防护等级)。发生在该类端部的事故严重程度一般与倾斜的坡比有关,坡比越大,撞击越严重。

⑤针对低高度防撞护栏,国外研发了防护等级为 TL-2 的倾斜式端部。此类端部以 6.1 m 长的预制混凝土单元为主体,通过坡比为 1:20 的倾斜面,将防撞护栏高度由 510 mm 过渡至 100 mm。撞击时端部的侧向位移可通过预留的顶部钢制插销孔进行控制。

2)施工区域防撞护栏过渡段设置

施工区域防撞护栏过渡段的设置应确保不同类型防撞护栏的合理过渡。由于国内相关标准中尚无具体规定,此处仅介绍国外规范。常见施工区域防撞护栏的过渡形式包括以下两种。

(1)可移动式混凝土防撞护栏钢板过渡

该类过渡(图 3.13)常应用于高速公路、快速路施工区,以提高临时防撞护栏与永久性防撞护栏处的交通安全,降低相应损失。过渡钢板的建议纵向长度一般为 1.5~2.0 m,高 760 mm,厚 13 mm,外形与混凝土防撞护栏保持一致。此外,防撞垫等设施也能提供相近的防护功能。

图 3.13　可移动式混凝土防撞护栏钢板过渡

(2)F 形可移动式混凝土防撞护栏与低高度护栏系统过渡

该类防撞护栏过渡常应用于城市及其市郊过渡区域。由于过渡斜坡的存在,该类过渡系统可在交叉口或护栏开口处提供额外的行车视距,如图 3.14 所示。

图 3.14　F 形可移动式混凝土防撞护栏与低高度护栏系统过渡

3.2.3　防撞垫

施工区域采用的防撞垫一般分为两种:固定式防撞垫系统和移动式防撞垫系统。前者一般常见于施工周期较长的施工区域,后者一般是以卡车或拖车为载体的动能衰减装置。

(1)固定式防撞垫系统

固定式防撞垫系统常应用于高速公路施工区,以避免事故车辆与路侧固定障碍物直接接触,进而对车内人员造成伤害。常见的固定式防撞垫系统包括填砂塑料防撞桶,以及各类具有消能结构和可重复利用特性的防撞垫设施。

关于防撞垫系统的尺寸参数要求、平面布局与设计、重量配置、类型选用以及各类防撞垫的适用性介绍可参考第 2 章内容。本小节主要针对施工区域与临时性填砂桶式防撞垫间净区宽度不足的情况作出相应补充。

①填砂桶式防撞垫与障碍物的间距宜不小于 760 mm。

②临时填砂桶式防撞垫引道端部应偏移至净区边缘,以适应施工区交通条件。

③当填砂桶式防撞垫可能对途经交通流造成干扰时,其外侧轮廓边缘与障碍物之间的间距可减少至不小于 380 mm。

④为方便现场调整,填砂桶式防撞垫安装底座高度应不大于 100 mm。

(2)移动式防撞垫系统

移动式防撞垫系统由大型防护车辆和防撞垫组成,前者是载运工具,后者是防护主体。该系统灵活性极强,适用于施工周期短、施工区变动频繁的施工作业。但一旦发生事故,其事故严重程度要大于一般固定式防撞垫系统。

移动式防撞垫的载运车辆质量一般为 9 t 左右。此外,车身轮廓应有明显的标识,用于警示过往车辆,尤其针对夜间光线不好的情况。移动式防撞垫系统的防撞性能一般视防撞系统的结构功能而定。常见的有如图 3.15 所示的 4 种。

目前国内尚无类似设备用于道路施工服务,故缺少相关的国内标准供设计人员参考。载运车辆可按照功能特点分为以下 3 类。

①影子车。该类车辆与移动施工区保持一定的距离,为工人提供物理保护,使他们免受从后方驶来的车辆的伤害。

②防护车。该类车辆停在固定施工区上游,通常无人驾驶。

③预警车。该类车辆停留在移动或固定施工区路段上游,并为途经车辆提供交通标志指引。

上述 3 类车辆中,影子车与防护车必须配备防撞垫系统,预警车根据占用行车道情况决定是否配备防撞垫系统。不同条件下移动式防撞垫系统的应用详见表 3.9。

（a）吸能结构　　　　　　　　　　　　　（b）可伸缩的钢结构

（c）扭结器结构　　　　　　　　　　　　　（d）移动防撞护栏系统

图 3.15　移动式防撞垫系统示意图

表 3.9 移动式防撞垫系统的施工应用推荐表

条件		施工类别	排序			
			快速路	其他		
				80 km/h	70 km/h	60 km/h
移动施工区			无正常车道关闭			
	涉及人员暴露的影子车	裂缝浇注,修补,设置路面标线、锥桶	A-1	A-2	A-3	A-4
	无人员暴露的影子车	清扫、化学喷涂	E-1	E-2	E-3	E-4
			无正常路肩关闭			
	涉及人员暴露的影子车	路面修补,路面标线及轮廓线修补	B-1	B-2	C-3	C-3
	无人员暴露的障碍车	露天开挖,桥墩临时外露	E-2	E-3	E-4	E-5
固定施工区			正常车道关闭			
	涉及人员暴露的障碍车	路面修补,路面标线	B-2	B-3	C-4	C-5
	障碍车用于有大量障碍物的情况	露天开挖	E-2	E-3	E-4	E-5
			正常路肩关闭			
	涉及人员暴露的障碍车	路面修补,路面标线及护栏修复	C-3	C-4	D-5	D-5
	障碍车用于有大量障碍物的情况	露天开挖	E-3	E-4	E-5	E-5

注:1.字母顺序为载运车辆推荐等级。A—强烈推荐;B—高度推荐;C—推荐;D—可取的;E—根据施工现场情况选配。

2.数字表示防撞垫系统推荐等级。1—强烈推荐;2—高度推荐;3—推荐;4—可取的;5—根据施工现场情况选配。

美国 *NCHRP Report 350* 指出,移动式防撞垫系统的防护等级一般为 TL-2(3)。

(3)防撞垫系统与施工作业区间距

防撞垫系统与施工区间距是施工人员的安全缓冲区,与道路几何线形、视距、运行速度以及施工作业类型相关,如表 3.10 所示。

表 3.10　移动式防撞垫系统与施工区间距建议值

车重/t	运行速度或限速/(km · h⁻¹)	施工区类别	
		固定施工区/m	移动施工区/m
≥10	≥90	45	52.5
	70～90	35	45
	≤70	22.5	30
4.5～10	≥90	52.5	67.5
	70～90	37.5	52.5
	≤70	30	30

3.3　施工区域其他设施

3.3.1　交通诱导设施

施工区的交通诱导设施一般用于警示、诱导途经车辆通过,以降低交通事故发生率。交通诱导设施主要包括交通标志、诱导设施、信号灯等。

根据预计的事故严重程度及撞击测试实验结果,施工区的交通诱导设施一般可分为以下 5 种。

(1)以锥形桶为代表的轻型交通诱导设施

轻型交通诱导设施的主要作用是在施工变道、分流、车道宽度调整的区域诱导交通流平稳过渡。在条件允许的情况下,轻型交通诱导设施与行车道边缘应保持 0.3～0.6 m 的间距。

作为最常见的轻型交通诱导设施,锥形桶的尺寸要求及性能参数可参考《交通锥》(GB/T 24720—2009)。施工区锥形桶的设置可参考《城市道路施工作业交通组织规范》(GA/T 900—2010);交通柱的尺寸要求及性能参数可参考《弹性交通柱》(GB/T 24972—2010)。

(2)以路栏为代表的轻型交通控制设施

路栏的主要作用是封闭道路、限制交通通行,通常设置于因道路作业而导致交通阻断的路段两端或周围。路栏也可以做成具有防撞功能的塑料注水(砂)隔离栏或活动护栏的形式,以保护施工现场设施和人员。相关尺寸参数可参考美国 MUTCD 和我国《道路交通标志和标线 第4部分:作业区》(GB 5768.4—2017)。

(3)施工警告灯

施工警告灯一般设置在夜间作业路段附近,安装于防撞护栏、垂直面板或独立活动支架上,是用于警示途经车辆前方道路作业,减速慢行的重要设备。美国 MUTCD 要求施工警告灯的安装高度不得低于 900 mm,与我国《城市道路施工作业交通组织规范》(GA/T 900—2010)要求的 1.2 m(条件受限时,不得低于 1.0 m)基本一致。

根据其不同的闪烁频率、发光强度和使用地点,施工警告灯可分为闪光和定光两种,相关参数可参考表 3.11。

表 3.11　施工警告灯安装建议参数

项目	种类	
	闪光灯(黄色)	定光灯(红色)
镜面数	单面或双面	—
闪烁频次/(次·min^{-1})	55~75	—
占空比	≥1	—
发光强度/cd	20~40	5~10
适用地点	作业区或危险地点的起点以前	作业区边界,导向车辆行驶

(4)防眩板

防眩板是减少途经车辆对施工区及对向交通造成眩目的主要手段。眩目往往会造成车辆驾驶员行车误判,从而使车辆偏离正常行驶路线,导致路侧事故的发生。该类事故的发生往往与夜间交通量、道路线形条件密切相关。由于道路施工,施工区域周边的道路线形、车道使用情况均可能进行临时调整,极大增加了眩目的可能性。因此,在夜间交通流量较大、施工区影响范围较广时,防眩板的安装必不可少(图 3.16)。

针对施工区,防眩板应满足以下 4 点基本要求。

①防眩板不存在刺穿车身的可能。

②事故发生时,防眩板不会对车辆乘客和施工人员造成危害。

③能有效减少眩目。

④事故发生后,可快速修复并恢复原样。

防眩板的具体安装及设置要求,应根据《防眩板》(GB/T 24718—2009)进行设计。

图 3.16　防眩板

（5）其他诱导设施

其他常见的交通诱导设施还包括：

①电子闪光箭头板。此类设施需配合警告标志使用，一般设置于上游过渡区或缓冲区的前端，可根据需要调整箭头方向和形式。

②作业信息显示屏。它常用于移动作业车辆，显示占道施工等信息。

③高杆旗。它用于施工时间较短的情况，一般距地面高度为 2.4 m，在车流量较大的情况下防止车辆排队遮挡视线。

④安全员模型。它是对过往车辆和行人起警示作用的人形模型。

3.3.2　临时交通标志

主要的施工区标志类型分为施工标志、车道数减少标志、变道标志、行人或非机动车通道标志、出入口标志和常规线形诱导标志。

城市道路施工区的交通标志应设置于净区且尽量采用解体消能结构，以降低潜在风险。国内相关标志牌内容设计及基本位置要求等可参考《城市道路施工作业交通组织规范》（GA/T 900—2010）、《城市道路交通标志和标线设置规范》（GB 51038—2015）、《道路交通标志和标线　第 4 部分：作业区》（GB 5768.4—2017）。

3.3.3　控制路面边缘落差

路面边缘落差一般出现于无硬路肩或土路肩的道路，是在使用过程中因道路构造物沉降或水土流失自然产生的。而在施工区域，由于道路面层更新或路肩作业的需要,往往会形成因人工产生的路面边缘落差。一旦发生事故,看似简单的施工过程,也可能会导致极其严重的交通事故。

一般条件下,路面边缘落差不得大于 50 mm,否则应采取以下相关措施。

①采用临时性楔形材料处理路面边缘落差,形成小于 30°～35°的缓坡。同时,在道路上游设置警示标志以及连续的道路边缘标线。

②若路面边缘落差与行车道边缘存在不小于 0.9 m 的缓冲宽度,可采用锥形桶、水马等临时性交通渠化措施导流。

③采用可移动的混凝土防撞护栏进行防护,并在防撞护栏起终点配备防撞垫等配套措施。

④若路面边缘存在沟渠等,宜使用钢板覆盖并配合警示标志。

上述措施的选用应根据路面边缘落差的形式、纵向长度、位置、交通量、运行速度、几何线形、交通组成等决定。

第4章 城市区域宽容性道路设计

4.1 概 述

早期的宽容性道路设计以面向公路和乡村道路设计为主,鲜有针对城市道路设计的相关内容。直到1996年,美国AASHTO更新并发布了第2版《路侧设计指南》,为城市道路提供了针对性建议。宽容性理念开始正式应用于城市道路环境中。

不同于公路[图4.1(a)],城市道路[图4.1(b)]由于干扰较多、构成复杂,且交通流量大,交通流运行速度普遍偏低(普遍低于80 km/h),极少有行驶车辆能达到自由流的运行状态。同时,城市中密集的建筑布局与狭窄的道路空间也极大地约束了路侧空间的设置。尤其在城市主、次干道与支路上,人行道、非机动车道以及城市配套设施对空间的需求,使得城市道路的宽容性设计在本质上有别于同等级公路。

(a)双向两车道公路　　　　　(b)双向两车道城市道路

图4.1 公路与城市道路

随着城市道路发展的日渐完善,居民对城市配套设施完整性、多模式出行友好性及交通效率等要求也日益提升。21世纪的城市道路宽容性设计,已经不仅仅局限于对车辆行驶环境和驾驶员的考量。设计人员必须认识到:通过压缩慢行空间而一味拓宽道路,或为满足行驶安全而减少路侧附属设施,将有悖于多模式出行下人们的综合需求。因为对于采用步行、非机动车,以及公交出行的人群而言,建设配套、安全、畅通的通行空间,同样是宽容性理念的核心意义。

本书第4章旨在通过综合考虑城市交通运行特征与宽容性道路理念,结合城市道路实际环境、交通组成、沿线土地利用情况等要素,提出适用于城市道路的宽容性设计建议,以保障不同城市道路使用者的交通安全和出行需求。

4.2　城市道路横向净区设置

4.2.1　横向净区的概念与现状

与公路的路侧净区类似,城市道路的横向净区同样是以交通安全为首要目标的路侧无障碍物区域。但不同的是,城市道路的横向净区是以设置路缘石为前提来缓和人车矛盾,从而降低城市交通事故率。

随着城市现代化、工业化进程的推进发展,交通运输对城市道路造成的压力使决策者加大了城市基础设施的建设规模,以提高交通系统运营效率。然而,过去国内外近百年的城市建设经验却表明,一味地以提高交通运营效率为首要目标的交通基础设施改造方案,往往会在运营过程中衍生一系列安全隐患,如因拓宽行车道导致的人行道过度收窄、横向净区基本消失等。

虽然城市环境下的路侧净区宽度常受到不同因素的制约,但合理且有效的横向安全净区仍是设计人员在设计街道或道路方案时需要考虑的。根据多年研究及工程经验,美国的设计规范将城市道路路侧净区定义为"以路缘石垂直面为基准,不少于0.5 m的侧向预留空间"。0.5 m的侧向预留空间可充分发挥路缘石对车辆的导向作用(一定高度的路缘石对时速不大于40 km/h的低速行驶车辆具有良好的导向作用和一定的防撞作用),以避免事故车辆在紧急停车前即与路侧设施或障碍物等发生刮擦、撞击,从而减少人员伤亡与财产损失,充分体现了宽容性道路设计的"纠偏"功能。因此,考虑公路与城市道路净区功能上的差异性,本文以"横向净区"来表示城市道路设计净区,以区别于公路路侧净区。

4.2.2　横向净区的相关研究

在我国,城市道路相关设计规范、标准、导则缺乏关于城市道路横向净区的概念、宽度取值、设置方法,以及评价方法等介绍。欧美国家确定横向净区一般是以公路宽容性道路设计为基础,结合多年的城市交通事故历史数据分析得出,这对我国城市道路宽容性理念的普及具有借鉴意义。

由于国际上城市道路横向净区的宽度及相关设计更偏重于经验累积,故本节通过介绍城市道路不同位置,如曲线路段、合流路段和交叉口等的横向净区的相关研究成果和设计建议,供工程人员参考。

1) 整体性研究

城市道路横向净区(图 4.2)作为城市路侧人行道的第一道路侧屏障,其不小于0.5 m的最小宽度建议值虽然远小于公路路侧净区范围,但既有文献成果已证明,在视距通畅无遮挡的直线条件下,0.5 m的横向净区基本可规避 50%以上的交通事故。值得说明的是,最小宽度为0.5 m的横向净区主要用于交通事故发生概率与事故损失等相对较小、交通安全水平较高的路段。在实际设计中,设计人员往往需要根据实际的街道位置、事故多发点、设施条件、潜在事故风险类型、事故严重程度等对横向净区进行调整。本节将着重介绍城市道路横向净区的研究历程。

1999 年,Kloeden 与其同事共同发表了一份关于 1985—1996 年澳大利亚南部地区的道路交通事故分析报告。如图 4.3 所示,报告的分析结果表明,路侧障碍物与机动车道的横向距离越大,事故死亡概率越小,尤其当该距离大于 6 m 时,死亡事故频率仅为 8.5%。Kloeden 等人研究的道路类型多为限速 80 km/h 以下的道路,研究结果对运行速度偏低的城市道路具有一定的参考价值。

图 4.2　城市道路横向净区示意图

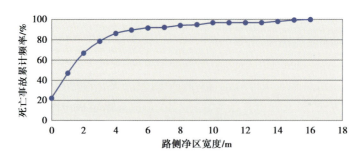

图 4.3　路侧死亡事故累计频率与路侧净区宽度关系图

美国 FHWA 开展的城市道路宽容性设计相关研究,更加侧重于研究城市交通事故严重程度与路侧固定障碍物的关系。该项研究共采集了包括亚特兰大和芝加哥在内的 5 座城市的道路运营与交通安全数据,城市道路里程共计 244.9 km。研究人员通过对事故严重性的分析发现,与路侧障碍物相关的交通事故受伤率和无伤亡概率与总体事故基本一致,但与障碍物相关的交通事故平均致死率高达总体事故平均致死率的 4 倍,如表 4.1 所示。

表 4.1　事故严重性分布概况

调查路段编号	总体事故			与固定障碍物相关的路侧事故		
	无伤亡	受伤事故	致死事故	无伤亡	受伤事故	致死事故
UCZ-CA 1	57.27%	42.48%	0.26%	77.66%	21.32%	1.02%
UCZ-CA 2	55.28%	44.13%	0.59%	74.66%	24.80%	0.54%
UCZ-CA 3	70.30%	29.70%	0.00%	64.29%	35.71%	0.00%
UCZ-CA 4	66.39%	33.33%	0.28%	62.30%	37.70%	0.00%
UCZ-CA 5	29.79%	69.09%	1.12%	56.52%	39.13%	4.35%
UCZ-CA 6	31.72%	66.42%	1.87%	56.41%	41.03%	2.56%
UCZ-CA 7	62.64%	37.21%	0.14%	76.62%	23.38%	0.00%
平均值（CA）	53.34%	46.05%	0.61%	66.92%	31.87%	1.21%
UCZ-GA 1	79.48%	20.47%	0.05%	75.00%	23.61%	1.39%
UCZ-GA 2	81.46%	18.48%	0.06%	73.86%	26.14%	0.00%
UCZ-GA 3	75.63%	24.25%	0.12%	74.63%	24.63%	0.75%
UCZ-GA 4	80.23%	19.72%	0.05%	64.02%	35.37%	0.61%
UCZ-GA 5	72.76%	27.16%	0.08%	76.79%	23.21%	0.00%
UCZ-GA 6	75.46%	24.43%	0.11%	71.69%	28.31%	0.00%
UCZ-GA 7	78.33%	21.52%	0.15%	86.49%	13.51%	0.00%
UCZ-GA 8	73.11%	26.78%	0.11%	84.21%	15.79%	0.00%

调查路段编号	总体事故			与固定障碍物相关的路侧事故		
	无伤亡	受伤事故	致死事故	无伤亡	受伤事故	致死事故
UCZ-GA 9	80.56%	19.31%	0.13%	72.09%	27.91%	0.00%
平均值（GA）	77.45%	22.46%	0.10%	75.42%	24.28%	0.31%
UCZ-IL 1	72.75%	26.95%	0.30%	79.07%	18.60%	2.33%
UCZ-IL 2	79.09%	20.64%	0.27%	78.57%	19.05%	2.38%
UCZ-IL 3	71.63%	28.12%	0.25%	75.68%	22.52%	1.80%
UCZ-IL 4	74.37%	25.51%	0.12%	75.81%	24.19%	0.00%
UCZ-IL 5	68.69%	30.78%	0.54%	72.09%	25.58%	2.33%
UCZ-IL 6	74.35%	25.51%	0.14%	84.00%	15.00%	1.00%
UCZ-IL 7	73.20%	26.32%	0.49%	67.28%	30.51%	2.21%
平均值（IL）	73.44%	26.26%	0.30%	76.07%	22.21%	1.72%
UCZ-OR 1	55.91%	44.09%	0.00%	60.00%	40.00%	0.00%
UCZ-OR 2	55.26%	44.74%	0.00%	70.59%	29.41%	0.00%
UCZ-OR 3	46.20%	53.80%	0.00%	50.00%	50.00%	0.00%
UCZ-OR 4	53.90%	45.35%	0.74%	50.00%	44.44%	5.56%
UCZ-OR 5	61.49%	38.30%	0.21%	69.23%	30.77%	0.00%
UCZ-OR 6	58.40%	41.13%	0.47%	44.44%	51.85%	3.70%
UCZ-OR 7	56.79%	43.21%	0.00%	73.33%	26.67%	0.00%
UCZ-OR 8	61.82%	38.03%	0.15%	66.67%	33.33%	0.00%
平均值（OR）	56.22%	43.58%	0.20%	60.53%	38.31%	1.16%
平均值（4州）	65.11%	34.59%	0.30%	69.74%	29.17%	1.10%

注：CA—加利福尼亚州；GA—佐治亚州；IL—伊利诺伊州；OR—俄勒冈州。

　　为了进一步研究城市道路横向净距的取值与路缘石和路侧设施的关系,在不同限速、不同路缘石垂面与障碍物最短横向间距等条件下,FHWA又分别统计了城市道路在有路缘石与无路缘石两种情况下的交通事故数据。其中,设有路缘石的城市道路一般是城市内部的主、次干道与支路,道路或街道空间多受到周边建筑及功能性设施的约束,具有交通流量大、运行速度低等特点;而未设置路缘石的城市道路主要分布于城市外围或城郊区域,具有限速高、运行速度大等特点。研究结果发现,未设路缘石的城市路段有超过80%的事故发生在横向净区为0.7~4.9 m的区间内,如表4.2所示。同时,由于该类城市道路缺少路缘石,无法为事故车辆提供一定的导向作用,事故车辆极易侵入路侧的人行空间,对街道最外侧的行人或路侧慢行交通造成威胁。因此,在考虑不设路缘石的城市道路方案时,设计人员可参考公路的路侧净区要求,以确保净区宽度的安全与合理。

表 4.2　城市主要道路事故分布情况(未设置路缘石)

横向净区/m	限速/(km·h⁻¹)							合计	占比/%	累计占比/%
	40	48	56	64	72	80	89			
0.0~0.3	0	0	0	0	0	0	0	0	0.0	0.0
0.3~0.7	0	0	0	0	0	0	0	0	0.0	0.0
0.7~1.3	0	0	5	0	2	0	0	7	14.9	14.9
1.3~2.0	0	0	0	6	0	1	0	7	14.9	29.8
2.0~2.6	0	0	1	0	2	0	0	3	6.4	36.2
2.6~3.3	0	0	3	1	2	4	2	12	25.5	61.7
3.3~4.9	0	0	0	3	2	0	5	10	21.3	83.0
4.9~6.6	0	0	3	3	1	1	0	8	17.0	100.0
合计	0	0	12	13	9	6	7	47	—	—

针对设有路缘石的城市道路,超过90%的事故发生在横向净区小于2 m 的范围内(表4.3),且事故发生的位置多位于视距受限的路段、道路交叉口、小区出入口等处。由此得知,在路侧空间受限等条件下,路缘石与较窄横向净区的配合使用基本能够满足城市道路的交通安全需求。因此,在考虑曲线路段、车道合流点(如港湾式公交站点)、地块开口路段、道路交叉口等特殊城市路段的宽容性时,设计人员宜统筹考虑表4.3与实际道路运行情况,根据历史交通事故数据等信息确定横向净区宽度。特殊位置的横向净区宽度宜尽量取较大值。

表 4.3　城市主要道路事故分布情况(设置路缘石)

横向净区/m	限速/(km·h⁻¹)							合计	占比/%	累计占比/%
	40	48	56	64	72	80	89			
0.0~0.3	0	35	71	2	19	1	1	129	28.3	28.3
0.3~0.7	2	29	44	16	50	13	3	157	34.4	62.7
0.7~1.3	0	26	27	2	30	2	3	90	19.7	82.5
1.3~2.0	1	6	23	2	18	0	0	50	11.0	93.4
2.0~2.6	0	3	10	1	9	0	0	23	5.0	98.5
2.6~3.3	0	3	1	2	0	0	0	6	1.3	99.8

续表

横向净 区/m	限速/(km·h^{-1})							合计	占比/%	累计占比/%
	40	48	56	64	72	80	89			
3.3~4.9	0	0	0	0	0	0	1	1	0.2	100
4.9~6.6	0	0	0	0	0	0	0	0	0.0	100
合计	3	102	188	38	135	22	15	503	—	—

2)特殊路段的横向净区设置

(1)曲线路段

一般城市道路的几何线形简单(山地城市除外)、行驶速度受线形条件影响较小、交通流稳定,这使得道路两侧的横向净区与相关功能性设施布局成为了城市道路宽容性设计的重点。美国 *NCHRP Report 500* 的统计数据显示,发生在城市道路曲线段的交通安全事故占到了全美交通事故总数的 1/4(图 4.4),与 FHWA 的调查结果(表 4.1)相比,曲线路段交通事故呈现出伤亡率高、致残率高等特点。

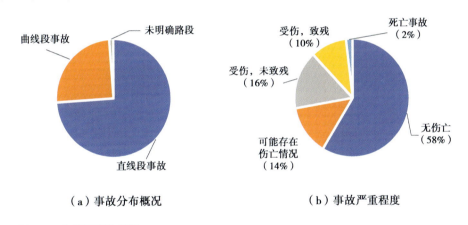

（a）事故分布概况　　　　　　　（b）事故严重程度

图 4.4　曲线段事故概况

曲线段交通事故的发生位置反映了曲线路段及其路侧空间布局对交通安全设计的特殊需求。如图 4.5 所示,在发生在曲线段的交通安全事故中,仅 39% 的事故发生在车道内,以追尾、刮擦、对向冲突为主;41% 的事故发生在车道外,以撞击路侧障碍物为主;余下 20% 的曲线段事故发生在互通立交等特殊路网节点。

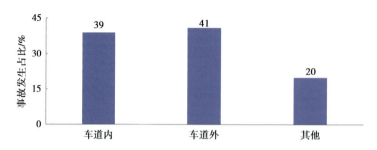

图 4.5　曲线段事故发生位置概况

　　由上述交通安全数据可知,城市道路曲线段具有事故风险高、对路侧行人危害大等特点,凸显了设置城市道路曲线段横向净区并适当拓宽的重要性与必要性。结合表 4.3 的统计结果可知,0.5 m 作为横向净区宽度的下限取值,仅能对 45.5% 的路侧事故起到防范作用,不足以为曲线段行驶车辆和路侧行人提供较为理想的防护(配套设有连续非机动车道的情况除外)。考虑曲线内侧与曲线外侧的功能与车辆行驶特征差异,美国 AASHTO 提出了完全不同的曲线段内、外侧横向净区设置建议,如图 4.6 所示。

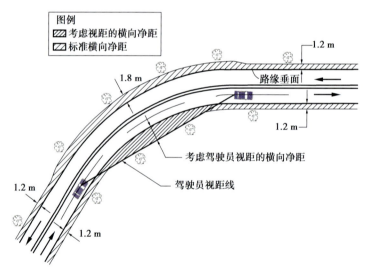

图 4.6　城市道路曲线段横向净区平面示意图

　　为满足曲线段内侧驾驶员的基本行车视距要求,应统筹考虑横向净区宽度与驾驶员的视距三角,以保证驾驶员的行车视线通畅。同时,要求横向净区的宽度还应能防范 80% 的路侧交通事故。因此,结合表 4.3 可知,曲线段内侧的横向净区宽度不宜小于 1.2 m。

　　曲线段外侧是道路曲线段事故的主要发生位置,其潜在的交通安全风险及隐患远大于曲线内侧,存在拓宽横向净区的基本需求。因此,AASHTO 建议曲线外侧的横向净区宽度应能防范 90% 的交通事故。结合表 4.3 可知,曲线段外侧的横向净区宽度不宜小于 1.8 m。

针对个别不设置垂直路缘石的曲线路段(常见于人口稀疏的城市郊区),城市道路的横向净区的最小宽度应取设有垂直路缘石时横向净区最小宽度的两倍,如曲线内侧最小宽度不宜小于 2.4 m,外侧最小宽度不宜小于 3.6 m。条件允许的情况下,设计人员宜优先参考公路的路侧净区进行设置,尤其是对于不设置路缘石的城市道路。

当曲线路段设有连续的非机动车道时,非机动车道本身作为机动车道与人行道之间的过渡,类似于公路中的路侧净区,具有一定的缓冲作用。因此,在设有连续非机动车道的曲线段,横向净区的宽度取值可与历史交通事故数据结合,选用最小值 0.5 m。

(2)合流路段

合流路段常见于城市快速路的匝道端部、港湾式公交站等处,是不同流向车辆汇合的路段关键节点。当支线车辆正常行驶并接近合流点时,驾驶员需要密切关注其他方向车流的情况,以便寻找恰当的插入间隙。一旦驾驶员判断失误,则极可能发生刮擦、追尾等交通事故。当速度过快时,驾驶员为紧急避让,还会存在侵入路侧人行道的可能。因此,对合流路段而言,适当地拓宽横向净区、移除不必要的路侧功能性设施或标志等均是道路工程师与交通工程师们所必须考虑的,尤其针对合流点位置。

如图 4.7 所示,当车辆驾驶员无法准确插入邻近主线车道的交通流间隙,被迫沿原车道继续行驶时,车辆随时可能冲出行车区域,与路侧障碍物相撞,甚至危及路侧行人的安全,导致恶性交通事故的发生。因此,在合流渐变段终点的周边范围(长 6 m,宽 3.5 m)内,设计人员应避免设置任何可能危及事故车辆安全的障碍物,如标志杆、垃圾桶、绿植等。在对交通安全有特殊要求的情况下,设计人员可考虑采用解体消能结构,以确保车辆的路侧交通安全,但仍需确保有 1.2~1.8 m 的基本横向净区宽度。

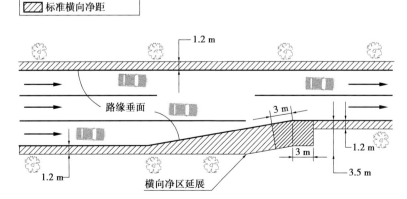

图 4.7　城市道路合流段横向净区平面示意图

（3）路侧开口

根据路侧地块的功能差异与主线道路的等级,路侧开口常见于城市主干道辅路、次干道、支路,路侧开口是造成城市地面标线、路缘不连续的主要原因。对沿主线道路行驶车辆的驾驶员而言,路侧开口的设置不利于驾驶员准确识别前方道路的边缘,尤其在夜间、不良天气等视线不通畅或不良驾驶状态下,且极易造成交通事故。因此,在设有地块开口的局部路段,设计人员应兼顾考虑事故车辆冲出城市道路的潜在风险与行车视线的通畅(至少能有效观察开口处等待汇入的第一辆车)。如图4.8所示,在视距通畅的条件下,AASHTO通常建议设计人员将出入口右侧(主线下游)的横向净区拓宽至3.0~4.5 m。

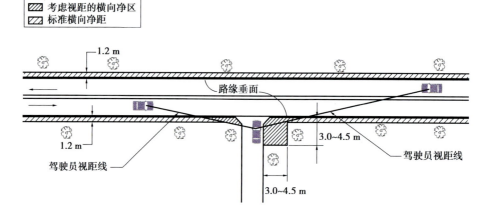

图4.8　城市地块出入口局部路段横向净区平面示意图

（4）平面交叉口

作为不同车辆流向交叉的关键节点,城市道路平面交叉口处的冲突点、合流点、分流点密布(图4.9),是典型的城市交通事故多发点。因此,实现城市道路平面交叉口的宽容性设计,对降低事故发生率具有重大的现实意义。

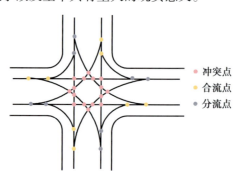

图4.9　一般交叉口冲突点

城市平面交叉口按照控制的形式,分为信号控制交叉口[图 4.10(a)]与非信号控制交叉口[图 4.10(b)]。其中,信号控制交叉口是以交通信号灯为主要控制设施,实现不同车辆流向在时间尺度上的分离,达到消除冲突点的目的。该类交叉口适用于交通流量较大的节点。非信号控制交叉口是按照一定规则实行停车让行或减速让行,从而缓和不同车辆流向之间的矛盾,适用于交通流量较小的交叉口。由于信号控制交叉口与非信号控制交叉口在交通运行、交通控制条件等方面存在着显著的差异,两者的宽容性设计侧重点也存在一定不同。

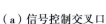

（a）信号控制交叉口　　　　　　　　（b）非信号控制交叉口

图 4.10　信号控制交叉口与非信号控制交叉口示意图

①信号控制交叉口

美国 FARS 的统计数据显示,发生在信号控制交叉口的交通死亡事故仅占总死亡事故数的 6%。低死亡率主要得益于信号控制交叉口在时间尺度上消除了车辆冲突点,降低了不同流向车辆正面冲突的风险。然而,该类设计无法从根本上消除潜在的交通风险。因为交叉口自身配套设施的设计也会对驾驶员和道路使用者产生影响,如极易被驾驶员忽视的微型导流岛或渠化岛、不满足横向净距要求的路侧障碍物等。因此,如何进一步通过优化控制方法减少车辆正面冲突,保障交叉口驾驶员视线通畅,防范车辆事故危及行人安全,是信号控制交叉口宽容性设计的重点。

信号控制交叉口的宽容性设计原则包括以下 3 点。

a.结合实际交通需求,优化信号相位,合理分配交叉口(时间尺度)通行权,减少驾驶员等待时的焦虑,降低冲突可能性并提高交通运营效率。

b.优化交叉口的几何线形条件,使其符合驾驶员的驾驶期望,如改造异型交叉口、X 形交叉口,优化相交道路局部纵坡,提高停车视距(图 4.11)等。

c.移除不必要的路侧障碍物,改造导流岛或渠化岛,尽量设置带路缘的导流岛,并预留合理的横向净区。

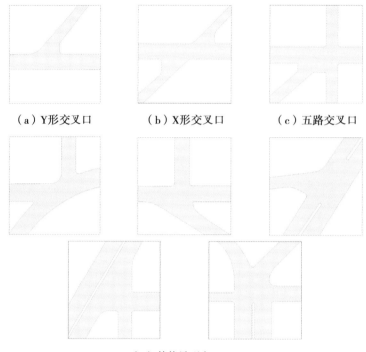

（a）Y形交叉口　　　　（b）X形交叉口　　　　（c）五路交叉口

（d）其他异型交叉口

图 4.11　常见异型交叉口示意图

②非信号控制交叉口

相较于信号控制交叉口,由于非信号控制交叉口无法从根本上消除车辆冲突点,不同交通流向车辆正面冲突的风险较大,其交通死亡事故数是信号控制交叉口的 3 倍,约占总死亡事故数的 17%。因此,非信号控制交叉口除了要防范单一车辆事故外,还要积极优化交叉口的平面和纵断面设计,增大停车视距,以防范不同流向车辆的正面冲突。在信号控制交叉口安全设计建议的基础上,非信号控制交叉口要额外注意对交通流运行速度的控制,降低非信号控制交叉口的车辆运行速度,提高交通流的间隙率,减少车辆驾驶员的停车等待时间,降低驾驶员对相交交通流间隙判断失误的概率。

4.3　城市路侧设施

除穿城高速公路与城市快速路外,城市中所有的路侧附属设施,如非机动车设施、城市家具、绿化带、引导标志等,都服务于城市居民的出行和生活。同时,不同于公路,城市道路更加注重对路侧设施的管理与维护。因此如何在保证车辆内乘员安全的同时保护路侧行人不受伤害,尤其针对老年人、儿童等弱势群体,是城市道路宽容性设计中的重点。

本节将分别论述城市道路环境主要路侧设施在宽容性道路设计中的作用及其设计要点。

4.3.1　路缘石

路缘石作为城市道路中最基本的组成要素,承担了引导路内雨水流向、界定人行道边缘的功能,并对低速行驶车辆具有一定的导向作用。因此,了解路缘石在城市交通安全中的作用与合理设置方法,具有十分重要的现实意义。

常见的路缘石形式如图 4.12 所示,分为垂直式路缘石与斜式路缘石两种。其中,垂直式路缘石的垂面高度一般在 100~200 mm,仅适用于一般城市主干道及以下等级道路,对事故车辆具有一定的导向作用。倾斜坡面是斜式路缘石与垂直式路缘石之间的主要差异,该坡面的上下底高差一般在 100~150 mm,常用于设计速度大于 70 km/h 的道路。采用斜式路缘石可以确保事故发生时,事故车辆能及时驶向路外,避免对车辆造成二次伤害。但因路缘石自身对事故车辆具有一定的弹起作用,因而在实际工程中,高速公路、城市快速路等一般不设置任何形式的路缘石。特殊情况下,高速公路、城市快速路的路缘石需配合设置防撞护栏,形成双重防护。

（a）垂直式路缘石　　　　　　　　　　　　　（b）斜式路缘石

图 4.12　常见路缘石示意图

国外早期相关研究发现,150 mm 及其以下高度的垂直式路缘石无法为速度超过 73 km/h 的事故车辆提供任何导向作用。所以垂直式路缘石对高等级道路防护意义不大,这种路缘石也几乎不会对低速事故车辆产生伤害,且事故车辆撞击路缘石的夹角越小,路缘石的导向作用越大。常见路缘石设置的基本策略如表 4.4 所示。

表 4.4　路缘石设置的基本策略

策略目标	基本策略
（1）降低路缘石对车辆的弹起作用； （2）最大化路缘石对事故车辆的导向作用	合适的路缘宽度，与行车轨迹相匹配
	防撞护栏与路缘石的协同
	路缘石与人行道横坡的衔接

4.3.2　路肩

路肩（在城市道路中亦称"路缘带"）是机动车道与路缘石的过渡部分，宽度一般在 0.3~3.6 m（国内一般取 0.25~3.5 m）。依据功能，路肩一般可分为以下两类。

（1）安全性路肩

安全性路肩一般指平整、无障碍，并能满足车辆临停需求的硬化铺装路肩。由于其具有分隔机动车道和路侧空间的作用，因此在公路中它常被作为路侧净区的一部分。而在城市道路中，安全性路肩常被作为城市快速路的应急车道，或城市次干道、支路的临时路内停车带，部分情况下也常作为非机动车道使用。当该类路肩作为路内停车带使用且停有较多车辆时，一定程度上充当了人行道与机动车道间的缓冲区，也有助于降低往来车辆的行驶速度。

（2）一般路肩

一般路肩常指宽度较窄，且介于人行道和机动车道之间的过渡路肩。通常情况下，该类路肩往往是路面摊铺过程中为施工机械预留施工区域而留下的区域，是为保证道路铺筑质量而设置的硬化路肩。因此该类路肩的宽度通常偏窄，且与摊铺设备的施工要求等相关，而与交通安全的关联性较弱。

考虑城市混合交通组成复杂、道路两侧设施设备多样，以及城市居民的基本日常需求，AASHTO 提供了不同功能路肩宽度的建议取值，如表 4.5 所示。

表 4.5　AASHTO 建议的一般路肩取值

路肩功能	城市主干道/m	城市次干道与支路/m
排水	0.3	0.3
摊铺预留	0.45	0.3
为大型、重型车辆预留	0.6	0.6
路侧净区局部	0.9	0.6

路肩功能	城市主干道/m	城市次干道与支路/m
自行车	1.2	1.2
行人	1.2	1.2
应急停车带/应急车道	1.8	1.8
环卫车辆/快递车辆	1.8	1.8
城市执法车辆/路内泊位/一般市政维护	2.4	1.8 （路内泊位：2.1）
大型市政维护	2.7	2.7
商业货运车辆	3.0	2.4
因需慢行车辆	3.0	2.7
交叉口渠化拓宽	3.0	2.7

4.3.3　振荡标线

振荡标线是一种特殊标线,一般设置于机动车道边缘。当车辆偏离正常行驶路径,轮胎接触该标线时,它会产生一定的噪声,以达到警告驾驶员的目的。相关研究表明,振荡标线可辅助驾驶员在车道内稳定行驶,有助于减少 30%~85% 的车辆越线事故。然而,早期振荡标线的噪声大、易导致自行车失控、不利于摩托车行驶等问题使得其难以在城市道路中推广利用。随着技术的发展,美国 NCHRP 系统性地总结并归纳了 4 种振荡标线(M 形、R 形、F 形、凸起式)的特征特性、适用范围、设置位置、设计要点与方法等。其中,R 形振荡标线因其自身的沟槽窄、路面平整度较好、噪声较小等特点,能为极少数适用于城市区域机动车道与非机动车道的振荡标线,它还被写入了欧洲的宽容性道路设计手册。一般振荡标线和 R 形振荡标线的使用对比如图4.13所示。

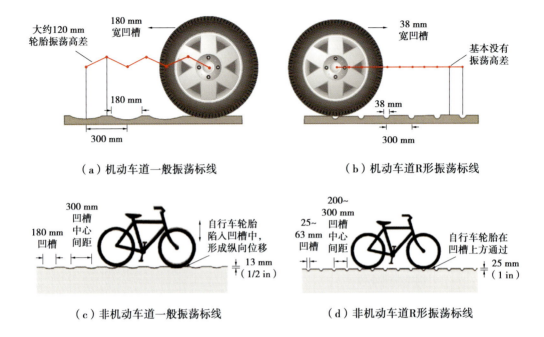

（a）机动车道一般振荡标线　　　　　　　　　　（b）机动车道R形振荡标线

（c）非机动车道一般振荡标线　　　　　　　　　　（d）非机动车道R形振荡标线

图 4.13　一般振荡标线与 R 形标线的使用对比

4.3.4　渠化导流岛

　　渠化导流岛（图 4.14）是为了分离不同流向车辆而设置的路内凸起物,是引导车辆转向,为步行过街人群提供临时停驻的重要交叉口渠化设施,常见于城市道路平面交叉口或人行过街横道等处。根据我国《城市道路交叉口设计规程》（CJJ 152—2010）的相关规定,渠化导流岛面积不宜小于 7 m^2（兼具行人过街功能时,面积不宜小于 20 m^2）,远大于 AASHTO 建议的 5 m^2,一定程度上更有利于降低车速,保证行人的出行安全。然而,该规程并未对导流岛上的相关设置要求作出明确规定,导致很多情况下,导流岛上配合设置隔离柱或绿化乔木等典型障碍物,影响视距,不仅威胁岛内行人安全,也极易造成交通事故和人员伤亡。

　　从道路交通安全角度出发,当设置平坦且具有可穿越性的渠化导流岛（即标线导流岛）时,宜尽可能避免在行人过街流量较大的交叉口使用;设有路缘石且与路面存在一定高差的凸起式导流岛应作为路侧设施进行考虑,其上方不宜设置任何固定障碍物。必要时,宜优先考虑采用解体消能结构。

图 4.14　渠化导流岛

常见渠化导流岛的设置基本策略如表 4.6 所示。

表 4.6　交通导流岛或中央分隔带设置的基本策略

策略目标	基本策略
减少冲出正常机动车道的可能性	加宽中央分隔带
减少事故伤亡率	导流岛或中央分隔带设施使用解体消能设计
	使用中央防撞护栏等硬质隔离

4.3.5　非机动车道及其附属设施

非机动车道常设于人行道与机动车道之间,具有一定的分隔作用,有助于缓和人车矛盾,并为往来行驶车辆提供了一定宽度的路侧缓和空间,间接强化了人行道的路侧安全,起到了路侧净区的作用。此外,非机动车道也在一定程度上拓宽了机动车驾驶员的横向视野,提高了弯道等特定路段的停车视距,有利于行车的主动安全,符合宽容性设计的基本要求。

非机动车附属设施(如非机动车架)常设置于人行道一侧,以服务于非机动车,提供非机动车停车泊位等,是城市自行车和助力车(时速不大于 20 km)的专用服务设施。但在宽容性道路设计中,任何路侧净高大于 100 mm 的结构物均可被视为潜在的安全隐患。因此,AASHTO 认为非机动车架等的设置位置宜结合城市道路的横向净区统筹考虑。

过去,设计人员为了保证非机动车的交通安全,降低非机动车出行人群在交通事故中的伤亡,通常会考虑为非机动车道提供额外的物理隔离,以分隔非机动车与机动车流,如图 4.15 所示。然而,近年来考虑城市交通安全的实际情况,欧美等发达国家的设计人员开始尽可能避免为非机动车道提供额外的物理隔离。主要理由有以下 3 点。

①物理隔离基本将非机动车完全约束在特定的街道空间。一旦事故发生,非机动车驾驶员无法快速离开进行紧急避险。

②电动摩托、电单车等介于机动车与非机动车之间的出行工具在决定是否驶入机动车道时,会对非机动车道造成阻塞。

③在道路交叉口处,非机动车的物理隔离不利于交叉口混合交通流的管理。

图 4.15　带物理隔离的非机动车道

据 FHWA 统计,约 70%的非机动车事故(受伤)均与机动车无关,且 31%的事故发生在行车区域以外。而在与机动车无关的非机动车事故中,23.3%的事故发生在人行道、停车区等位置。

非机动车设施的基本设置策略应如表 4.7 所示。

表 4.7　非机动车设施设置的基本策略

策略目标	基本策略
降低事故可能性	适当加宽非机动车道,增大实际行驶空间
降低事故伤亡率	非机动车架的设置宜结合横向净区统筹考虑

4.3.6　路内停车泊位

与非机动车道类似,路内停车泊位一般也设置于人行道与机动车道之间,具有一定的分隔作用,缓和人车矛盾。尤其当路内停车泊位被车辆占用时,对于城市道路上正在行驶的车辆与路侧的行人、非机动车,以及停泊车辆都将起到较好的防护作用。同时,路内停车泊位一定程度上约束了机动车道的侧向空间,有助于降低车辆的行驶速度,降低交通事故的严重程度。

路内停车泊位的设置也具有一定的负面作用,如一定程度地增加了行驶车辆与静态车辆的刮擦风险;路内停车也降低了城市消防、事故处理等应急响应的速度,尤其在违法停车情况较多的道路交叉口、消防通道、小区出入口等关键路段。针对上述城市应急通道或关键位置被违停车辆占用的问题,国外相关组织提出了以下 3 个策略。

①结合消防部门的建议,设置多车道的应急通道,在预防应急通道被违法车辆占用的同时,提供更宽阔的空间方便大型救援车辆与设备通过。

②在应急通道设置简易、可移除的隔离设施,防止被违停车辆占用。

③完善相关法律制度,最大化减少违停车辆数量。

相较于城市应急通道被违停车辆占用,路内停泊的静态车辆与动态行驶车辆之间的事故严重程度要小很多。因此,在宽容性道路设计中,路内停车泊位的基本设置策略应如表 4.8 所示。常见停车泊位示意图如图 4.16 所示。

表 4.8　路内停车泊位设置的基本策略

策略目标	基本策略
降低事故可能性	限制在较低限速的运行道路设置路内停车泊位
降低事故伤亡率	使用平行式泊位设计

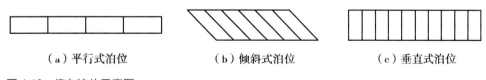

（a）平行式泊位　　　　　　（b）倾斜式泊位　　　　　　（c）垂直式泊位

图 4.16　停车泊位示意图

4.3.7　路侧城市家具

随着世界各国城市街道设计工程的推进,加之对慢行出行品质的重视,城市家具成为街道设计人员关注的重点。通常,设置城市家具对于街道活力和出行品质均有着较大的提升作用。然而,随着城市家具的复杂化、多样化,路侧空间的安全性成为了设置城市家具的最大阻碍,如紧邻路侧设置公共交通服务设施等。针对上述问题,目前还没有绝对有效的措施可以解决。因此,为确保交通安全,城市家具的设置应严格遵循横向净区的设置要求,同时尽可能远离机动车道。根据 AASHTO 的建议,设计人员在考虑设计城市家具时应遵循表 4.9 所示的基本策略。

表 4.9 一般城市(街道)家具设置的基本策略

策略目标	基本策略
降低事故发生的可能性	尽可能远离行车区域
	约束城市家具的设置,避免对行车造成视线遮挡

4.3.8　路侧设施

路侧设施主要包括照明、指路标志等行人服务设施和为机动车提供服务的交通标志等。在宽容性道路设计体系中,路侧的固定障碍物通常应尽可能远离机动车道。然而,在城市道路建设空间有限的前提下,行人、机动车、非机动车的使用空间基本紧紧相连。尽管部分城市道路的路内停车泊位、非机动车道具有一定的人车分隔作用,但对多数城市道路而言,行人与机动车紧密相连的空间布局及其服务性路侧设施,往往会成为城市交通安全中极易被忽视的潜在隐患。通常将行人通行区域与机动车道之间的区域称为缓冲带(包含了 4.2 节所述的横向净区)。

相关研究表明,当缓冲带的障碍物与路缘间距小于 1.2 m 时,会大大提高车辆与障碍物的相撞概率。因此,针对上述区域内的路侧障碍物与绿化植被,宜优先选用解体消能结构和矮小灌木。详细的空间布局、路侧结构物布局、简单绿化布局等,可参考图 4.17 与表 4.10 所示的基本策略。

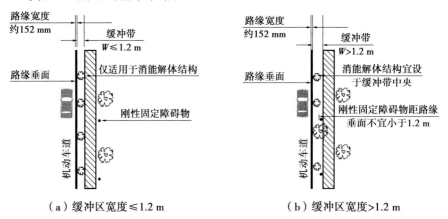

图 4.17　路侧设施布局示意图

表 4.10　路侧设施设置的基本策略

策略目标	基本策略
少量位于事故高发区域的设施处置办法	调整设置位置或移除
	设置于曲线内侧,避免设置于交通环岛内侧或太靠近交叉口的位置
	使用解体消能设施
	设置防护设施,如防撞垫
	提高可见性
大量位于事故高发区域的设施处置办法	根据地方条件、交通特性设置横向净区
	合并部分设施,如照明、标志等
	将部分设施安置于周边建筑
伤亡最小化	降低运行速度

4.3.9　城市绿化

在城市区域,作为重要的城市景观,大量乔木、灌木等种植于道路两侧,以增强城市街道的美感,改善行人的步行环境。在宽容性道路设计体系中,城市绿化应着重于从植被类型、交叉口与机动车道视距、种植位置等方面考虑提升道路的宽容性,具体体现在以下 4 个方面。

(1)毗邻城市道路平面交叉口的城市绿化

通常城市道路平面交叉口的转弯半径小,驾驶员的行车视线极易受到路侧障碍的遮挡,如建筑附属物、路侧功能性设施、大型乔木与灌木等。因此,国内外多个城市绿化导则或街道设计指南均明确了植被在交叉口的种植位置,如北卡罗来纳州的《传统邻里发展指南》、西雅图《街道绿植种植规程》建议"树木与交叉口转角边缘的距离不宜小于 9 m"。类似地,美国亚拉巴马州蒙哥马利市综合考虑了横向净区与驾驶员的驾驶视线,提出了平面交叉口处行道树种植位置建议,如表 4.11 所示。我国《居住区环境景观设计导则》中明确指出,道路交叉口处种植树木时,必须留出非植树区,以保证行车安全视距,即在该视野范围内不应栽植高于 1 m 的植物,而且不得妨碍交叉口路灯的照明,为交通安全创造良好条件。其布置规定如表 4.12 所示。

表 4.11　美国蒙哥马利市行道树与平面交叉口转角边缘最小间距

交叉口控制形式	主要城市街道/m	邻里社区街道/m
信号控制交叉口	9.1	—
全方向停车让行	9.1	4.6
主要城市街道停车让行	12.2	—
邻里社区街道停车让行	9.1	4.6(停车让行) 9.1(减速让行)

表 4.12　我国《居住区环境景观设计导则》交叉口植物布置规定

情景	布置规定
行车速度≤40 km/h	非植树区不应小于 30 m
行车速度≤25 km/h	非植树区不应小于 14 m
机动车道与非机动车道交叉口	非植树区不应小于 10 m
机动车道与铁路交叉口	非植树区不应小于 50 m

在实际城市道路设计中,交叉口绿化的设置应着重确保驾驶员的视距通畅,停车视距符合安全设计要求是设计人员考虑的重点,如图 4.18 所示。

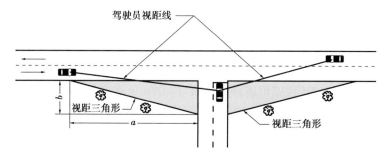

图 4.18　城市道路平面交叉口绿化景观视距控制示意图

注:a—视距;b—可视范围。

（2）毗邻机动车道的城市绿化

与城市道路交叉口的绿化类似,种植于机动车道旁的城市绿化景观同样需要侧重于解决树木遮挡行车视线的问题,美国 *City of Simi Valley Citywide Design* 规定了行道树与机动车道边缘的距离应大于 1.5 m。蒙哥马利市要求行道树与机动车道边缘的距离应大于 4.6 m。事实上,多个城市都对城市绿化不应干扰出行者对周边车辆及行人的观察达成共识,以保证基本的视线畅通。国内《城市道路绿化设计标准(征求意见稿)》的要求是分车绿带的植物配置应形式简洁,树形整齐,排列一致。乔木树干中心至机动车道路缘石外侧距离不宜小于 0.75 m。平面交叉口净区示意图如图 4.19 所示。

图 4.19 平面交叉口净区示意图

(3)城市绿化景观与垂直空间视野

通常乔木的树冠作为影响驾驶员视野的主要因素,其投影面积的大小往往是街道设计人员在确定路侧行道树位置时所重点考虑的。然而,随着树冠的生长与延伸,树冠末梢会逐渐下垂,遮挡了原本可以通视的驾驶视野。北卡罗来纳州的《传统邻里发展指南》对城市绿化(乔木)提出了垂直方向上至少确保 0.6~2.1 m 的净高要求。AASHTO《道路安全设计与运营指南》认为城市绿化(乔木)的垂直净高至少需要 1.0~3.0 m,才能满足包括公共交通等在内所有车型驾驶员的驾驶视野需要。

美国西雅图城市绿化(乔木)垂直净空要求如表 4.13 所示。西雅图城市街边绿化效果如图 4.20 所示。国内《城市道路绿化设计标准(征求意见稿)》中明确指出,大乔木进入路面枝下净高不小于 2.8 m,小乔木枝下净空满足行人通行,对特殊地段如停车场和建筑限界的净高也提出了具体要求。

表 4.13 西雅图城市绿化(乔木)垂直净空要求

位置	垂直净空高度/m
人行道	2.4
机动车道	4.3
非机动车道	3.0

图 4.20　西雅图城市街边绿化效果图

（4）行道树与行道树、行道树与其他设施的间距

沿道路纵向的行道树设置间距，不仅会影响行车安全，还会对其他市政设施产生不利影响。对城市道路上往来密集的交通流而言，较小的行道树间距往往会对路侧照明设施造成遮挡，迫使驾驶员打开远光灯，对前方跟驶车辆与对向行驶车辆驾驶员造成眩目，危及行车安全。对市政设施而言，较小的行道树间距可能使得树木庞大的根系对地下管线及邻近消防栓等公共设施的使用、检修造成干扰。为解决上述问题，欧美国家也提出了严格的行道树间距、行道树与市政公用设施间距的相应指标。以西雅图为例，其《街道绿化手册》（*Street Tree Manual*）提出了相对具体的城市绿化平面位置要求，如表 4.14 所示。

表 4.14　西雅图城市绿化（乔木）平面要求

目标	横向净区宽度/m
与路缘石垂面的间距	1.1
与人行道的间距	0.6
与机动车道的间距	2.3
与机动车道的间距（不设路缘）	3.0
与照明灯杆的间距	6.0
与消防栓的间距	1.5
与设施杆的间距	3.0
与地下管线等设施的间距	1.5

我国《城市道路绿化设计标准（征求意见稿）》对树木与其他设施最小水平距离要求如表 4.15 所示。

表 4.15　国内城市绿化最小水平距离要求

设施名称		至乔木中心距离/m	至灌木中心距离/m
围墙(2 m 高以下)		1.0	0.75
挡土墙顶内和墙角外		2.0	0.5
路灯杆柱		2.0	2.0
电力、电信杆柱		2.0	2.0
消防龙头		1.5	1.2
测量水准点		2.0	1.0
建筑物外墙	有窗	3.0	1.5
	无窗	2.0	1.5
铁路中心线		5.0	3.5
道路路面边缘		0.75	0.5
人行道路面边缘		0.75	0.5
道路侧石边缘		0.5	0.5
排水沟边缘		1.0	0.3
体育用场地		3.0	3.0

综上所述,在宽容性道路设计理念下,设计人员与工程师针对城市道路绿化应该侧重以下 4 个方面的考量。

①种植树木应符合路侧横向净区的宽度要求。

②景观边幅应符合行人、车辆驾驶员的视距要求,尤其是在交叉口等关键区域。

③匝道端部、导流岛端部、微型导流岛等区域不宜设置乔木和灌木,以避免干扰驾驶员对冲突车流的判断。

④考虑随道路沿线用地变迁的交通组成、交通流量,为远期道路横断面的调整预留空间。

4.3.10　防撞设施

作为人为的路侧障碍物,路侧防撞设施是城市中避免事故车辆危及路侧行人的有效措施之一。在早期的宽容性道路设计中,防撞护栏的首要作用是防止事故车辆与路侧固定障碍物相撞等恶性事故的发生。随着专家学者们对宽容性的理解深入,以及大量工程实践经验与碰撞研究数据的积累,防撞设施对事故车辆的导向作用日渐被认为是其结构本身宽容性的真正体现。除上述作用外,城市中的防撞设施还是分隔机动车、非机动车、行人的重要设施。因此,在何处设置防撞设施、如何设置防撞设施、设置何种形式的防撞设施、如何充分发挥防撞设施对事故车辆的导向作用,是实现城市道路宽容性设计的关键。针对相关防撞设施的设置条件、适用范围、端部处理方法等可参考第 2 章中的相关内容,本节主要就城市中宽容性道路设计的需要注意的细节进行补充。

1)城市用防撞设施设置的主要影响因素

针对城市防撞设施,设计人员通常需要从以下 7 个方面统筹考虑。

①机动车道边缘至防撞设施的净区宽度。

②防撞设施自身的特性,如受撞击后护栏的偏移距离。

③设置防撞设施位置的地形坡度条件。

④护栏端部、不同护栏间过渡的渐变率和渐变长度等。

⑤弯道、转角处设置防撞设施对行车视距及视线的影响。

⑥防撞设施应对行人友好,尤其需考虑残障人士、老年人等特殊群体的基本需求。

⑦防撞设施的设置宜考虑城市非机动车的需求。

一般条件下,城市区域的防撞设施设置应尽可能远离机动车道,并与道路设计等级、设计速度、周边土地性质等相匹配,尤其针对学校、公园、商业中心区等行人密集的特殊区域。

2)城市用防撞设施分类

常见的城市用防撞设施主要分为以下 3 类。

(1)路侧与中央防撞设施

考虑到防撞设施本身具有一定的高度,设计速度为 70 km/h 及其以下的城市道路与平面交叉口通常不宜使用任何形式的防撞护栏,以确保驾驶员的视距通畅,进而快速准确地判断冲突车流的行驶动态。设计速度大于 70 km/h 的城市道路通常以城市快速路为主,可参考 3.2 节中关于防撞护栏设置的具体方法。不同于公路,部分国家或城市会结合城市特色采用具有艺术性的护栏形式,如图 4.21 所示。

图 4.21　墨西哥城中央分隔带防护设施

（2）防撞垫（桶）

与公路不同,城市路侧的功能设施种类复杂、位置多样,部分设施难以就宽容性道路设计的基本原则进行移除、调整,或改装解体消能结构等,使用防撞护栏又缺乏经济性。防撞垫（桶）成为了上述特殊情况下的不二选择,尤其在龙门架、匝道端部、桥墩、中央防撞护栏端部等较难处理的位置。防撞垫（桶）本身作为减少事故严重程度的重要设施,无法减少事故的发生概率。因此,为提高防撞垫（桶）的实际利用效率,设计人员在设计时应考虑配套的标志、标线以及照明等与交通安全密切相关的措施与方法。

此外,防撞垫（桶）设置灵活,防撞单元相对独立,若因跳车等情况使得事故车辆无法正中撞击防撞垫（桶）预设撞击点位,其防护效果可能会大打折扣。因此在设置防撞垫（桶）时,清除其与行车道之间的障碍,如移除路缘石、协整路面铺装边缘的落差等,确保区间内的地面平整,是发挥其防护功能的重要保障。

（3）人行护栏

据相关数据统计,城市中每 5 起交通事故中就有一起与行人相关,其中约 80% 的行人伤亡事故发生于过街期间。合理的人行护栏设置除了有利于防范事故车辆直接冲入人行道外,其更大的作用表现为规范行人的过街行为,减少行人伤亡事故。类似地,城市道路中央护栏的最大作用也主要是规范行人违法过街行为,如图 4.22 所示。

图 4.22　人行护栏示意图

第5章 宽容性道路弹性设计

5.1 弹性设计概述

设计人员通常需要利用自身的创造性和敏感性,为特定情况提供适用的工程解决方案。随着设计人员职能的延伸,我们不光需要按照既有标准简单得出结果,在设计的过程中同样需要对社区价值、社会效应、经济效应和环境影响等多个因素进行综合考量,这就需要在设计工作中充分体现"弹性"理念(Flexibility concept)。

弹性设计旨在通过现有的设计方法、参数、工具,应对实际复杂多变的实际工程条件,解决特定情况下工程所面临的挑战。道路设计中的弹性,主要体现在对已知设计要素的综合思考与权衡。它不应被看作是降低设计准则,恰恰相反,一项具有"弹性"的道路设计应该是在符合质量与安全预期的同时,能够满足其他要求的优秀设计,最终实现在创新性、实用性、安全性、环境友好性等多个方面的价值最大化。

弹性设计理念最早由美国 FHWA 提出,并于 1997 年颁布了《弹性公路设计》(*Flexibility in Highway Design*),以帮助设计人员灵活运用既有标准和指南解决工程问题,改善设计人员因盲目套用参数所导致的不合理设计。AASHTO 为了进一步整合"弹性"与"环境敏感性"在道路设计中的应用,又于 2004 年更新完善了《弹性道路设计手册》,颁布了《弹性道路设计应用实践指南》(*A Guide for Achieving Flexibility in Highway Design*)。考虑城市环境下居民多模式交通出行的影响,FHWA 于 2013 年发布了关于支持慢行(非机动车与行人)交通设施的《弹性设计备忘录》,并于 2016 年颁布了《实现多模式出行网络：设计弹性与减少冲突》(*Achieving Multimodal Network Applying Design Flexibility & Reducing Conflicts*)。主要弹性设计出版物如图 5.1 所示。

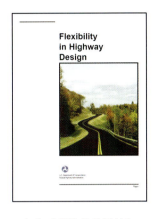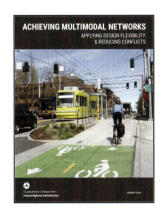

（a）《弹性公路设计》　　（b）《弹性道路设计应用实践　　（c）《实现多模式出行网络：
　　　　　　　　　　　　　　　　指南》　　　　　　　　　　　设计弹性与减少冲突》

图 5.1　主要弹性设计出版物

　　发展至今,现行弹性设计已不再局限于道路或环境的单一领域,而是发展成以全局最优为基本目标,协同道路、环境、交通、安全、人文等多方面的综合性设计理念。

5.2　弹性与宽容性的关系

　　弹性设计作为统筹全局的设计方法,主要适用于以下 4 种情况。

　　①当道路环境存在限制,现有设计标准无法提供合理解决方案时。

　　②当现有方案对环境、社会或文化等方面产生负面影响时。

　　③当现有方案对道路使用者产生安全隐患时。

　　④当公众对现有方案意见存在争议时。

　　由于宽容性道路设计理念主要是针对交通安全的设计,可以说弹性设计与宽容性设计之间是包含与被包含的关系。针对与宽容性相关的弹性设计,设计人员可从以下 5 个方面进行优化。

　　（1）道路功能分类

　　道路设计需要遵循的标准往往与其等级或功能分类紧密相关,而道路所在的实际环境和运营情况可能与初期确定的功能分类有所出入。如果简单按照既有标准对所在路段进行规划设计,极有可能会造成道路设施与道路功能不匹配,如在设计不足的情况下导致交通堵塞和环境污染,或在设计盈余的情况下造成不必要的土地及资源浪费。基于此,相关人员需要在规划设计初期尽可能充分地了解道路及道路所在环境的信息,利用工程经验解读设计标准并提供合理的设计方案。

（2）几何线形设计

在弹性设计理念下,设计人员可能会根据实际的工程条件,选取超出标准规定的取值范围,如车道宽度、曲线半径、平面交叉口线形指标等。但设计人员的线形解决方案中应尽量避免同时出现多个超出一般取值范围的指标(如超小半径曲线、长下坡等),否则极端的线形组合将成为道路运营中不可忽视的交通安全隐患。除上述情况外,同样需尽量避免由不同参数极限值组合而成的线形方案(尽管其可能也满足规范标准条件)。

（3）设计速度选择

设计速度与交通事故率、交通事故严重程度密切相关,它往往是设计阶段"调节"交通安全问题的最有效指标之一。考虑设计速度对道路通行能力等运输效率指标的影响,设计人员在解决较为敏感的安全问题时,应优先考虑采取宽容性道路设计中的相关安全措施,而非随意通过降低设计速度来减小预计的交通事故率与事故严重性。此外,道路设计速度往往还应通过假设驾驶人员的反应情况来设定。当驾驶人员存在特殊性时(如人口老龄化等因素的影响),驾驶车辆存在特殊性时(如通过工业区路段等),或所在路段的信息需要更长时间来反应时(如恶劣天气、连续弯道或视距受限的情况),则道路设计速度需要更为弹性的设置。

针对设计速度较低的道路,设计人员应致力于分析降低设计速度的效果,并与其他安全措施(如解体消能结构、振荡标线等)进行对比,确认不同措施对改善方案的有效性,以进一步提高道路方案附加值。

（4）缓解交通冲突

在城市多模式交通出行的环境下,行人、非机动车、私家车、公共交通等之间的交通冲突是引发交通事故的主要原因之一。对路侧行人、非机动车乘员等缺少有效防护的弱势群体而言,如何通过设计手段降低不同出行模式之间的交通冲突,减少人员伤亡,是设计人员所要重点考虑的问题,这些问题包括信号控制交叉口、城郊过渡区道路、自行车道、公交站台等要素的设计。

（5）运营阶段影响

道路的安全性不仅与设计紧密相关,也离不开道路设施在运营阶段的管理和维护。设计人员应在设计阶段充分考虑运营成本、运营效果等要素,从全周期层面明确道路安全隐患,如防撞护栏的选择、绿化树植的位置等。

5.3　宽容性道路弹性设计的应用

基于弹性道路的设计理念与基本要求,设计人员应综合考虑道路项目的实际工程条件与设计要素,结合实际需求进行设计,必要时可适当采用超出规范建议的取值,实现全局最优的目标。

本节将侧重道路安全范畴,重点讨论如何实现道路等级与功能划分、设计速度选择、线形设计、交通管理与运营等宽容性设计与弹性设计的协同,帮助读者进一步加深对宽容性道路设计的理解。

5.3.1　道路等级及功能的划分

道路等级及其功能的划分是道路系统功能细化的基础。一旦道路的等级功能确定后,相应的设计速度、横断面布局、平纵线形等都将一一确定。因此,相关研究普遍认为,道路等级及其功能的划分宜优先考虑期望的交通运行特征,如远期交通流和运行速度等。

基于连通性与可达性划分的快速路、主干道、次干道、支路是国内外公认的道路分级体系,该体系较为全面地涵盖了居民不同的出行需求。如何实现居民出行链中不同道路等级之间的平稳过渡(如运行速度的过渡、路侧设施的过渡、车道衔接等),解决不同道路等级间的兼容性问题(图 5.2),是弹性设计与宽容性设计关注的重点。

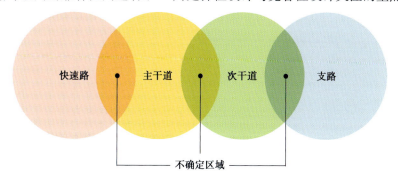

图 5.2　不确定区域示意图

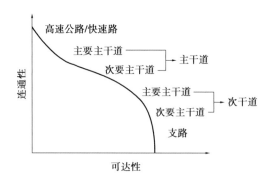

图 5.3　AASHTO 道路等级细分示意图

在以往的工程实践中,由于设计标准、工期等多重因素的制约,设计人员往往通过"一刀切"的方式解决不同道路等级之间过渡段的问题。为此,AASHTO 在早期道路分级体系(图 2.5)的基础上,对主干道、次干道等进行了二次分级(图 5.3),在缓和不同道路等级差异矛盾的基础上,保持了原有参数选择的灵活性。

除了道路分级的细化外,土地利用及其变化情况也是道路等级与功能划分所不能忽视的重点。尤其对人口密集的城市与村镇区域而言,随着人口的聚集,人们使用道路的方式也随之改变。因此,在道路方案的设计之初,远期道路沿线用地性质的变化、道路等级与功能的再分配,都是设计人员应该考虑的。其中,道路等级与功能的再分配既包括由高等级道路改建而来的道路、低等级道路扩建而来的道路,也包括新建或重建道路。

5.3.2　道路平纵线形

道路平纵线形是道路横断面布局、设施规划、运营管理的基础,与道路美学观感等息息相关。在弹性设计体系下,AASHTO 认为良好的道路平纵线形除了应当满足标准要求外,还应与周边的自然人文环境相协调,实现功能、美观、安全的一体化,如图 5.4所示。

就保护环境的角度而言,良好的线形设计可以最大化地保持当地环境原貌,保持大自然本身的线条美。就车辆行驶安全的角度而言,驾驶员能根据周边环境变化对前方路况作出准确的判断,缓解驾驶负荷,改善交通安全。

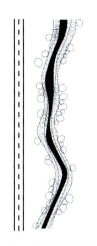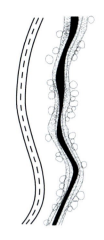

（a）不合理的道路设计　　　（b）尊重自然边界的道路设计

图 5.4　与环境相协调的线形优化方案

　　通常,传统的道路平纵线形设计主要考虑天然地形地势、最小停车视距与设计速度、交通流中的大车比例、道路的横断面指标(如车道数)、沿线风景人文等对道路的影响,忽视了道路自身对沿线环境和人的负面作用。以美国 1950—1980 年的大规模州际公路建设为例,大量新建道路对沿线的社区、自然环境的"割裂"作用使得社区与自然环境的天然氛围与远期发展受到了预料之外的毁灭性影响。道路线形对人的影响主要以交通安全的形式表现,尤其在平纵线形组合不当的路段。如图 5.5 所示,在不良的平纵组合线形的条件下,驾驶员的直观感受与实际曲线情况之间差异(又称视觉失真)易使得驾驶员作出错误的判断,存在冲入对向车道的风险。

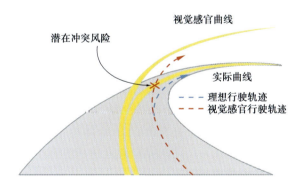

图 5.5　不良的平纵曲线组合分析示意图

　　针对视觉失真的问题,*NCHRP Report 600* 基于上游路段情况归纳总结了不同条件下平纵线形组合的组合范围(图 5.6),为设计人员提供了定量分析的参考。

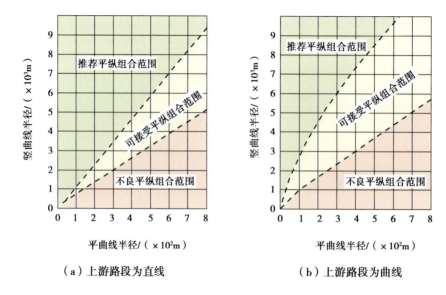

（a）上游路段为直线　　　　　（b）上游路段为曲线

图 5.6　平纵曲线组合建议范围

5.3.3　车道及路肩宽度

1）车道宽度

车道宽度作为道路设计的基础指标之一，其取值与道路的功能定位、期望交通流组成等息息相关。通常为了确保交通运行稳定、运输效率高效，且满足规范条件，设计人员偏向于比较保守的设计，如图 5.7（a）所示的较大车道宽度等，这可能忽视了道路使用者对交通安全的诉求。

然而，部分国外学者的研究显示，对多数的城市主干道而言，窄车道（如 3.0 m、3.25 m 宽的车道）的设计并不会对交通流的总体运行效率和安全性产生不利影响。基于类似的研究基础，"绿皮书"就针对城市主干道（设计速度为 48~97 km/h）提供了车道宽度的弹性取值范围（3.0~3.6 m）。此外，较窄的车道宽度还有助于实现交通稳静化，达到降低车辆行驶速度、改善弱势群体的出行体验与交通安全的目的。如图 5.7（b）所示，通过收窄车道，设计人员可在固定道路总宽度的条件下，拓展出双向分离式自行车道与一定宽度的机非缓冲区。

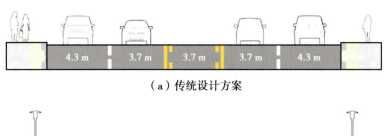

（a）传统设计方案

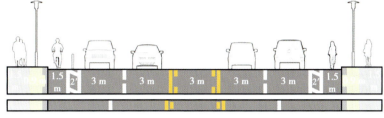

（b）弹性设计方案

图 5.7　车道收窄前后方案示意图

2）路肩宽度

在弹性设计体系下,无论是公路还是城市道路,路肩功能都是路肩宽度的决定性因素。根据不同道路的定位及路肩的服务对象,"绿皮书"给定的路肩宽度范围是0.6~3.6 m,具体取决于行人、非机动车、公共交通、应急车辆、事故车辆等的不同使用需求。

在公路环境下,路肩宽度的选择应以设计速度为参考指标,选取 RDG 建议的路肩宽度值。在城市环境下,为了向慢行人群提供更大的出行路权,城市中的多数路肩被用作非机动车道,尤其在行驶速度高、流量大的道路,其最小宽度不应小于 1.2 m（交叉口处不小于 1.5 m）,以确保非机动车出行的舒适。针对个别运行速度大于 80 km/h的道路,AASHTO 的《自行车规划指南》（*Guide for the Development of Bicycle Facilities*）建议其路肩最小宽度还应适当扩大。

5.3.4　设计速度与交通稳静化

交通稳静化是一种综合性的交通控制理念,旨在通过降低机动车行驶速度来提高交通安全,改善驾驶行为,保障弱势群体的出行安全。常见措施包括缩窄行车道、设置路内停车泊位、增加路侧行道树、拓展路缘、额外增加弯道等。

设计速度主要考虑行驶车辆,以确保交通流的运行效率;而交通稳静化主要考虑行人、非机动车驾驶者等,以确保此类群体的出行安全。设计速度与交通稳静化的设计目的和面向群体的差异,决定了其各自设计侧重点的不同。因此,弹性设计的根本意义在于综合考虑不同道路使用者的利益,平衡不同速度下交通安全与交通运输效率的关系,最大程度缓解人车矛盾。

基于此,美国在《实现多模式出行网络:设计弹性与减少冲突》(*Achieving Multimodal Network Applying Design Flexibility & Reducing Conflicts*)中分别从以下 7 个方面,讨论了交通稳静化理念下的弹性道路设计方法。

(1)路线调整

交通稳静化的主要目的是限制车辆的行驶速度,可以通过设置禁止转向、双行改单行、局部路段封闭等措施来改变交通运行状态。通常路线调整方案的制订与调整应以交通网络分析结果为主要依据谨慎决定,避免以慢行为主的路段出行车流量增加的情况。

(2)让行标志

让行标志主要有停车让行标志与减速让行标志。该类标志设置的本意是约束驾驶员的超速驾驶行为,保证人车关系中行人的优先权与人身安全。然而,在实际情况下,让行标志的设置可能会起到"速度激增"的反效果,即在让行后驾驶员迅速加速并保持较高的行驶速度,对路段下游的交通安全造成影响。因此,让行标志的设置宜与路段下游相结合,实现对速度的全线控制。

(3)设计速度与限速的协同

城市道路条件下,车辆所能达到的最高行驶速度应与多模式交通的运行情况、道路沿线的土地利用情况保持一致,从而为不同道路使用者都提供一个相对安全的出行环境。因此,城市道路的限速初值应尽量与设计速度保持一致。设计人员对设计速度与限速的设置,也应从交通运营分析、土地利用条件、人口密度、行人流量、非机动车流量等多个角度综合考虑。

(4)限速与第 85 分位运行速度

第 85 分位运行速度通常是常规限速取值的重要参考。然而 FHWA 的研究表明,实际情况中基于第 85 分位运行速度确定的限速,往往会导致车辆行驶速度过快(详见表 2.7);建议将第 50 分位运行速度作为限速的主要参考,以取代第 85 分位运行速度。

此外,FHWA 还基于人类对伤害的承受能力提出了以伤害最小为基本目标、零死亡为控制阈值的限速设置方法,该方法适合于多模式交通联运的城市道路。

(5)路侧净区

针对城市道路与公路路侧净区的本质性差异,净区宽度应根据具体情况进行设计。对于公路,设计人员应确保路侧净区的宽度达到 RDG 的基本要求;对城市道路,由于路侧设施本身就具备一定的防护功能和稳静化效果,净区宽度可适当缩窄,仅在特定位置作拓宽处理。本书对此已有较为详细的阐述,详见 2.4 节"路侧净区"和 4.2 节"横向净区"部分。

（6）抬起式交叉口、人行横道的合理设置

抬起式交叉口、人行横道有助于降低车辆行驶速度，对于保障行人、非机动车驾驶者过街安全具有良好的效果，是交通稳静化中比较常见的交通处置措施。然而，对车辆行驶速度较高的城市道路（如主干道、主要次干道等）而言，抬起式交叉口或人行道可能导致车辆跳车，影响驾驶员对车辆的稳定操控。

（7）设计速度

实际上，行驶速度的降低并不一定意味着行程时间的增加。在公路环境下，交通流的运行状态连续且稳定，不受过多交通控制因素的影响。而在城市环境下，由于平面交叉口密布且多为信号控制交叉口，交通流的运行状态常因局部交通拥堵、红灯、行人过街等出现间断的状态。因此，适当地采取低设计速度的策略，并不会影响城市交通的正常运行，反而还有助于降低交通事故的严重性。

5.3.5　非机动车道

"绿皮书"和 MUTCD 均未对非机动车道提出特定的弹性设计要求，但 FHWA 颁布的《分离式自行车道规划设计指南》（*Separated Bike Lane Planning and Design Guide*）认为，非机动车道的规划设计方法有待进一步完善，弹性设计应是非机动车道设计的首要任务。该指南提供了 3 种常见的机非隔离措施（图 5.8），设计人员应根据街道情况、路内停车、建设成本、美观性、耐久性、交通流运行速度、维护条件等进行弹性设计。主要的非机动车道隔离设施如图 5.9 所示。

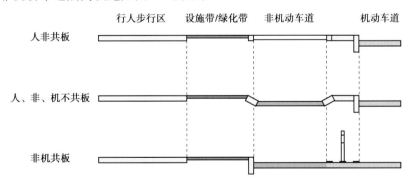

图 5.8　常见机非隔离措施

非机动车道的宽度取决于路肩宽度、道路等级、预期非机动车出行需求、维护条件等因素。考虑到非机动车会主动与路侧街道设施或垂直路缘保持一定的骑行距离，减少了非机动车道的实际利用宽度，因此，FHWA 认为单向 2.1 m 或双向 3.6 m 是非机动车道较为理想的宽度取值，且能满足绝大多数非机动车的出行需求。

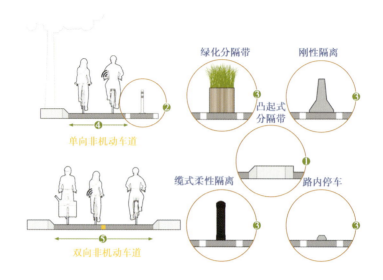

图 5.9　主要的非机动车道隔离设施

5.3.6　平面交叉口几何设计

在过去的工程实践中,设计人员针对平面交叉口的几何设计都比较保守,习惯于以最大设计车辆为基准确定交叉口的几何尺寸,使得交叉口的占地规模偏大,不利于降低行人的过街时间和约束车辆的行驶速度,增加了交通事故的潜在风险。

在弹性设计体系下,"绿皮书"除了提供传统设计建议之外,还提供了十分详细且灵活的弹性设计指导。美国国家城市交通官员协会(National Association of City Transportation Officials,简称 NACTO)的《城市街道设计导则》(*Urban Street Design Guide*)也同样鼓励设计人员以出现频率最高的车型作为交叉口设计基准,并灵活考虑大型车辆侵占其他车道的时间,通过信号控制等方式规避潜在事故风险,以达到缩减交叉口占地,实现紧凑设计,保障出行群体的目的。

图 5.10 详细展示了 AASHTO、FHWA、NACTO 等针对平面交叉口各要素的具体弹性设计要求。

①针对设计车辆,在弹性体系下,利用交叉口车辆组成中出现频率最高的车型控制交叉口车道宽度、路缘转角半径;利用可能出现的最大车型调整标志标线、路侧设施的位置,如交叉口进口道停止线(图 5.10②)、MTA(图 5.10③)等。其中,MTA(Mountable truck aprons)是为大型卡车、货车、拖车专门设置的弯道减速板,如图 5.11 所示,常见于工业区。MTA 的设置一方面可以改善大型车辆的转弯半径,避免车辆右后轮侵入路侧慢行区域;另一方面有助于降低车辆的弯道速度,提高过弯稳定性。

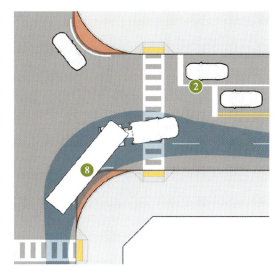

图 5.10　平面交叉口弹性设计示意图

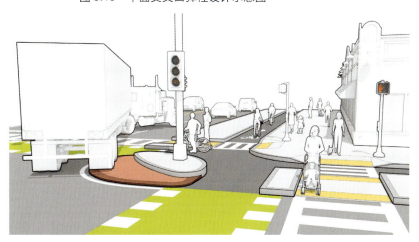

图 5.11　波特兰市 MTA 实景

②针对路缘,在高频车型确定的情况下,使用较小的路缘转角半径与适当地扩展路缘是弹性设计比较常规的手段。一方面,较小的路缘半径能够约束转弯车辆的行驶速度,有助于降低交通事故的严重性。相比于我国,欧美等发达国家对城市道路交叉口路缘半径控制得极为严格。路缘半径一般为 3.0~ 4.5 m,以确保转弯车辆速度不高于 10 mile/h(1 mile≈1.609 3 km)。另一方面,扩展路缘缩短了行人过街距离,也一定程度保证了驾驶员视距的畅通。

③考虑到右转交通流向一般不存在冲突点,在传统交叉口设计中,右转渠化通常较少采用信号控制等方式,这不利于行人通行。但配套的右转导流岛能缩短行人过街距离,从侧面提升了行人安全。因此,AASHTO 针对右转渠化仍然以控制行车速度为首要目标,通过右转车道线形的复杂化(常采用复合曲线)、触发式人行过街信号灯等

手段将右转车辆的行驶速度控制在 10 mile/h 以下。

④中央过街安全岛是大型交叉口为保护行人过街和优化信号相位的基本设施之一。过街安全岛的最小宽度为 1.8 m，是在考虑轮椅使用者需求的前提下提出的最小宽度要求；双向车道数不小于 4 的道路必须设置过街安全岛。

5.3.7　信号控制交叉口

在传统交通工程中，设计人员对交叉口信号控制的考量侧重于减少车辆延误、提高通行能力，而容易忽视信号控制对所有交通参与者的安全保护作用。在弹性设计体系中，信号控制交叉口的设计侧重信号控制自身的检测系统、周期长度、相位顺序、相位时间等能否确保不同群体的交通安全和使用需求。此外，设计人员还应兼顾对特殊运营需求的考虑（如公交优先、绿波控制等），以实现信号控制的最优化。

在信号控制交叉口的弹性设计中，左转车辆与行人、非机动车之间的冲突风险往往是交叉口安全控制的重点。西雅图的交通事故统计分析表明，在与左转车辆相关的交叉口事故中，与非机动车碰撞产生的事故约占 26%；与行人碰撞产生的事故约占 49%。而在与右转车辆相关的交叉口事故中，与非机动车碰撞产生的事故约占 24%，与左转事故中的同类事故占比相当；与行人碰撞产生的事故仅占 21%，远低于左转事故中的同类事故占比。

针对传统信号控制交叉口设计的不足与实际工程中的具象问题，弹性设计从行人和非机动车这两个角度补充传统设计的不足。

1）对行人的考虑

（1）信号周期长度

信号控制周期过长时，不仅增加了交叉口通过车辆的延误，也一定程度上增大了过街行人的焦虑和违法过街的概率。因此，策略性地缩短交叉口的信号控制周期对于行人与往来车辆而言，都具有十分重要的安全意义。此外，在考虑多模式交通出行的条件下，信号周期长度还需兼顾对非机动车的考虑。通常，NACTO 编制的《城市街道设计则》建议城市区域的信号周期长度宜取 60~90 s。

（2）过街保护与全相位过街

允许转弯车辆（以右转为主）与过街行人同时放行是多数信号控制交叉口发生人车事故的主要原因。同时，在行人到达交叉口，且过街事件存在一定随机性的情况下，位于车辆左侧的驾驶员较难对右侧过街行人作出准确的判断，从而酿成了事故的发生。针对上述情况，设计人员宜结合实际行人过街需求的情况，决策是否采用专用右转或专用左转相位。而对于行人过街需求大、人流密集的交叉口来说，全相位过街（图 5.12）或许是设计人员的最优选择。

全相位行人过街旨在为行人分配一个独立相位,使得各方向的行人可在该相位时间内同时穿越交叉口,同时交叉口各来车方向的机动车全部禁行。该方法可以提高弱势群体的出行安全,但行人、机动车均需承担较大的延误。因此,设计人员需根据实际情况进行选择。

图 5.12　全相位过街示意图

2）对非机动车的考虑

对一般交叉口而言,非机动车通常与机动车遵循同一信号控制系统的指挥。然而,对于部分大型交叉口,非机动车与机动车之间加、减速的差异不可忽视。出于对非机动车的保护,设计人员宜优先考虑独立的非机动车信号。

5.3.8　人行横道

在行人过街需求较少的条件下（如设于道路基本段的人行横道）,人行横道往往不会配套设置相应的信号灯,使得往来车辆的行驶速度偏快,路侧行人难以捕捉合适的过街间隙。在此情况下,行人往往需要等待并积累到一定数量时才开始过街,而此时的行人过街需求已基本达到了设置信号灯的门槛。

针对上述问题,AASHTO 与 FHWA 建议设计人员多角度、全方位地弹性考虑人行横道的设置。AASHTO 的《行人设计指南》（*Guide for the Planning, Design, and Operation of Pedestrian Facilities*）认为路段人行横道有助于缓和交叉口间距较大与行人过街需求旺盛之间的矛盾。如图 5.13 所示,针对路段上下游交叉口间距较大,且中央路段两侧设有公交站台和社区中心的情况,设置路段人行横道有助于缩短行人的步行距离,降低行人违法过街率。

——步行距离（设路段人行横道） ---- 步行距离（不设路段人行横道）

图 5.13　路段人行横道设置示意图

根据 MUTCD 的建议,路段人行横道应根据目标路段的车道数、与邻近信号控制交叉口的距离、交通流量、运行速度等指标进行设置。FHWA 建议,对符合以下 3 个条件的道路设置信号控制。

①限速大于 40 mile/h(1 mile ≈ 1.609 3 km)的道路。

②日均交通量不小于 12 000 辆,且双向车道数大于 4 或未设置凸起式过街安全岛的道路。

③日均交通量不小于 15 000 辆,且双向车道数大于 4 或设置凸起式过街安全岛的道路。

如表 5.1 所示,FHWA 主要通过 5 种设施对行人的交通安全进行强化。

表 5.1　FHWA 建议的人行过街强化设施

设施名称	设置目的
过街信号控制灯	过街信号灯从时间维度上消除了车辆与行人的冲突,缓解人车矛盾,保障过街安全
双闪警示灯	双闪警示灯属于非信号控制设施的一种,主要用于警示过往车辆减速慢行,尤其适合于行人、非机动车较多的区域,如学校周边。FHWA 的相关研究表明,88%的驾驶员在途经双闪警示灯时会做出礼让行人、非机动车的行为
过街安全岛	相关数据表明,过街安全岛有助于减少 46%的路内行人碰撞事故。需要注意的是,对于非机动车出行需求旺盛的区域,过街安全岛的设置除了考虑必要的占地面积外,还需要考虑非机动车过街的临时停靠。因此,美国交通工程师协会认为考虑类似情况的过街安全岛还应保证至少 10 ft* 的宽度
减速让行或停车让行的标志标线	减速让行或停车让行是非信号控制交叉口常见的基本通过规则,以提醒机动车驾驶员注意道路两侧的行人与非机动车
车辆停止线后移	类似于道路平面交叉口,路段人行横道有助于控制车辆的停止位置。此外,停止线的适当后移有助于为沿道路方向骑行的非机动车腾挪停车空间,为人行横道上的过街行人让行,缓和非机动车与行人之间的冲突

注:* 1 ft≈0.304 8m。

5.3.9　公交站台

公交站台作为城市多模式交通网络出行的关键连接点,是区域居民、公交换乘乘客的主要集散地。一方面,它是城市轨道交通网络的下层衍生,承担着对主干公交线网的疏导功能;另一方面,它也是城市公交网络中的底层节点,承担着打通"最后一公里"的重要连接,是公交网络可达性的保障。因此,对城市而言,公交站台是城市交通必不可少的交通设施。

如何平衡公交站台设置与道路宽容性设计中相关要求(如路侧净区或横向净区等)之间的矛盾,是弹性设计所关注的重点。尤其对城郊区域或乡村区域而言,道路的设计速度往往偏大,设计人员也因此更倾向于选择更宽的路侧净区,以保证车辆行驶的安全。然而,这种相对传统的简单方法往往会排除掉公交站台的基本服务设施,不仅降低了居民的公交出行体验,也一定程度上影响了公交系统的接驳功能。

针对类似的问题,FHWA 基于弹性设计的理念,提出了公交站台弹性设计的若干建议(图 5.14),具体体现在以下 5 个方面。

(1)与慢行网络的连通

公交站台起到了接驳慢行交通与城市公交运输网络的重要作用。因此,将慢行交通出行网络接入公交站台是设计人员所必须思考的,尤其是对步行盲道、非机动车道等的考虑。

通常在工程建设初期,公交站台设置于已经存在或远期将出现大量公交出行需求的写字楼、学校、医疗中心等功能性设施周边。部分大型城市为推动城市公共交通的立体化发展,还会考虑常规公交与轨道交通的接驳,尽可能将公交站台布置于轨道交通出入口周边。而在道路交叉口、道路基本段设置公交站台,设计人员还应同时设置人行横道,满足行人的对向换乘需求。

(2)公交站台与路侧净区

与路侧净区相关的设计内容是宽容性道路设计的重点之一,也是公交站台设计的主要矛盾点。如何解决两者间的矛盾是弹性设计所要解决的重点。

AASHTO 的《弹性道路设计》认为,公交站台路侧净区的设置较为特殊。考虑公交站台周边通常会配套设置人行横道、停车让行或减速让行标志等设施,且行驶速度较低的常规公交普遍靠右行驶,一定程度降低了路侧风险。因此,在公交站台周边,设计人员可适当降低路侧净区宽度建议值,或参考城市低行驶速度环境下的横向净区建议值。

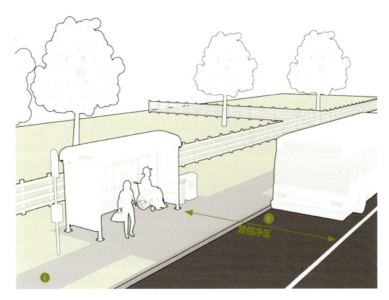

（a）设有路肩的公交站台

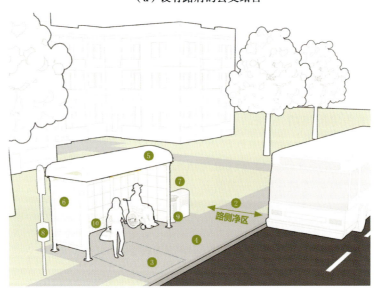

（b）不设路肩的公交站台

图5.14　公交站台周边的路侧净区示意图

（3）公交站台的位置

当净区宽度确定后，FHWA认为公交站台应尽可能贴近净区边缘，靠近机动车道。一方面，靠近机动车道的公交站台有助于确保公交驾驶员的安全视线范围；另一方面，为方便常规公交（大型车辆）停靠上下客，公交站台的设置应尽可能靠近行车道边缘。

针对道路平面交叉口,公交站台既可设置于交叉口的出口道,也可设置于交叉口的进口道位置。其中,设置于交叉口出口道的公交站台适合于交通流量较大、交叉口视距受限的道路。同时,对在交叉口左转的公交而言,其停靠站台设置于出口道更有利于减少常规公交与社会车辆的交织,有利于交通安全;设置于交叉口进口的公交站台更适合于交通流量较小的道路。此外,设置于出口道的公交站台还适用于换乘需求较大的公交线路,避免乘客过街换乘所导致的绕行和潜在过街风险。

(4)公交站台的设计

公交站台的落客区必须与人行道、盲道等保持连通,规格不小于 1.5 m×2.4 m。FHWA 建议宽度应尽可能保持 3.0 m,长度根据公交车型和停靠泊位数确定。对于人行道较窄的道路,公交站台可与人行道进行一体化设计(图 5.14)。

(5)公交站台的元素

公交站台的可达性作为首要设计目标,需要满足包括老年人、残障人在内的特殊人群出行需求。因此需根据实际需求对公交站台的元素,如候车亭、候车长椅、垃圾桶、线路信息牌等,进行加减和设计,以保证公交用户出行拥有良好的出行体验与便捷性。

5.3.10　道路的功能性过渡处理

随着城市的快速发展,部分公路局部被改建为城市道路,形成了贯穿城市区域、路段特征差异较大、功能复杂、连通性与可达性并重的跨区域交通走廊。通常,为保证运输效率,公路设计倾向于选择较高的设计速度,这使得交通流能保持高速、稳定的行驶状态;而城市道路出于对慢行交通出行的考虑,倾向于采用较低的设计速度与相应的设计标准。因此,如何处理公路体系与城市道路体系之间的行驶速度的过渡与功能转换,有效控制过渡段的速度差变化,确保过渡路段的交通安全,成了设计人员所要面临的首要问题。

根据 AASHTO 的相关建议,针对城乡区域过渡和道路功能转换所导致的交通安全隐患,设计人员宜弹性考虑道路沿线的土地使用情况,通过交通稳静化手段控制设计速度、车道宽度,增设路内停车泊位等平衡各类交通参与者对于道路设计的潜在要求。*NCHRP Report 600* 通过研究驾驶员的驾驶行为和心理变化,认为由于驾驶员难以及时感知周边环境的变化而导致无法及时调整车速,是道路过渡段与功能转换段面临的主要安全隐患。弹性设计应从道路功能、交通稳静化、驾驶行为等角度,提出解决方法。

1)宏观过渡分区

NCHRP 认为通过道路分区实现驾驶环境与驾驶期望之间的协同,可有效帮助驾驶员迅速适应驾驶环境的变化,从而降低过渡区的潜在交通安全风险。NCHRP 的道路分区如图 5.15 所示,其中过渡区包括减速预告区(T3)与物理降速区(T4)。减速预告区是通过彩色路面铺装、预告标志等提示驾驶员前方准备减速,达到心理暗示的目的;物理降速区则直接通过限速、路肩收窄、减速标线等措施强制性地降低车辆行驶速度。由于在上游路段驾驶员已经接收了充分的信息与暗示,该区域的各项措施与驾驶员的驾驶期望基本保持一致。

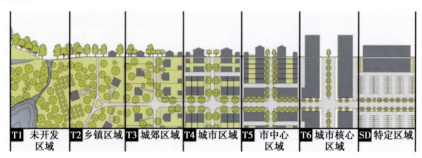

| T1 未开发
区域 | T2 乡镇区域 | T3 城郊区域 | T4 城市区域 | T5 市中心
区域 | T6 城市核心
区域 | SD 特定区域 |

图 5.15　道路分区示意图

2)微观交通稳静化措施

当通过如图 5.16 所标识的入城通道时,车辆已经完全进入了低速度行驶的城市区域,必须时刻注意路侧随时可能出现的行人与非机动车。此时,设计人员需要通过改变道路客观物理条件(如交通稳静化等措施),实现公路与城市道路之间的转变,使驾驶员完全融入城市驾驶环境。

如图 5.16 所示,设立入城标志、缩窄机动车道与路肩、设置路缘与行道树、增设路侧人行道、采用渐变宽度的中央分隔带等都是道路城市化的特征。欧美国家针对入城的门户大道还会考虑设置导流岛、渠化岛或环道等交通稳静化设施,在进一步降低车辆行驶速度的同时,也改善了道路景观。

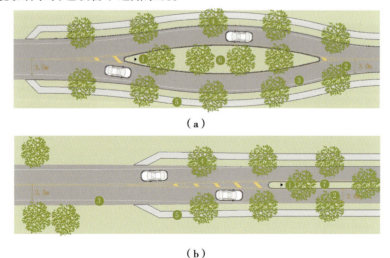

（a）

（b）

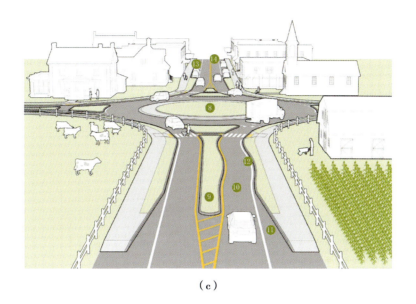

（c）

图 5.16　基于稳静化措施的门户大道案例

注：①—设置指示牌；②—车道收窄；③—移除路肩；④—增设路缘石和行道树；⑤—增设路侧人行道及护栏；⑥—渐变宽度的中央分隔带；⑦—增设较窄的中央分隔带；⑧—增设环岛；⑨—设置强制转弯带；⑩—车道收窄；⑪—移除路肩；⑫—增设道路边线；⑬—增设路侧停车区；⑭—车道"瘦身"

第6章　宽容性在规划与设计阶段的应用

6.1　道路交通安全分析

6.1.1　系统安全分析法

传统的交通安全分析一般是基于事故发生地段的具体事故和环境信息来开展，又称"事故黑点分析"，许多路段安全提升项目的投资决策也根据此筛选方法确定。事故黑点分析主要关注具有严重历史事故数据的特定位置，但实际情况中，也存在路段属于低密度事故区却占有很高的交通事故数量比例的情况，如乡镇道路或城市道路中涉及机动车和行人、自行车驾驶员和摩托车手等弱势道路使用者之间的交通事故。这类情况下，传统的定点分析无法识别事故问题及地点，因此这些路段无法被纳入投资改建的决策范围。而如果仅在高事故地点进行投资，则很难提升交通路网的整体安全。在这种情况下，系统安全分析法在美国应运而生。

美国的运输法案《在 21 世纪中前进》（MAP—21）鼓励美国各州在更新其道路安全战略计划（Strategic Highway Safety Plan，简称SHSP）时考虑使用系统安全分析法，即不仅根据事故历史，同时也根据事故的发生概率来进行道路安全提升项目的相关决策，以减少所有公共道路上的致命以及严重伤害事故。

系统安全分析法，旨在通过分析与特定交通事故类型相关的高风险道路特征，明确交通事故的发生概率，并根据分析结果选择合理的改进对策。同时,系统安全分析法在必要时还可以根据事故记录和风险分析,对相应路段提出较低成本的安全提升方案,有助于政府或相关机构在资金紧缩的情况下最大化提升道路整体的交通安全。

系统安全分析法的基本流程与传统事故黑点分析法类似,如问题识别、对策识别和确定项目优先级。然而,前者重在明确整个路网中造成大量致命和严重伤害的事故类型,后者仅关注具有严重事故历史的特定地点。值得注意的是,系统安全分析法是对传统事故黑点分析法的补充和完善,可以为道路安全的规划与实施提供更全面的指导,但它不能取代传统方法,高事故历史的位点仍然需要注意与及时处理。总而言之,为实现更全面的安全管理,现场分析和系统安全分析应双管齐下。

系统安全分析法主要流程如下:

①基于系统范围内的数据确定问题,如乡镇地区车道偏离事故、城市地区行人事故、乡镇无信控交叉口事故。在 3~5 年的典型分析期间,事故往往会分布在整个路网,几乎没有地点发生事故聚集现象。

②搜寻在严重事故中经常出现的特征元素,如几何设计或位置特征等。这些特征也被称作风险因素,可以针对那些当前还几乎没有发生过事故,但具有事故潜力的地点进行识别和优先考虑安全投资。

③侧重于部署一个或多个低成本对策,以降低道路交通事故发生概率。解决密度低但总体数量高的事故类型,可以促进决策转向能够在整体路网中广泛实施低成本的解决方案,从而扩大影响范围。

④针对实施计划明确路网中的各个目标地点并排列优先级。

6.1.2　系统安全选择工具

作为系统安全分析法的直接应用形式,系统安全选择工具(Systemic safety project selection tool,简称系统工具 Systemic Tool)建立在识别道路安全问题的现行实践基础上,对道路安全进行系统分析。

系统工具共包含 3 大要素——规划阶段、实施阶段、评估阶段(图 6.1),旨在指导各机构进行系统安全规划,明确实施系统安全改进项目的资金水平,以及评估系统安全方案的有效性。整个分析过程可以整合到现有道路安全管理和安全分析工具中。

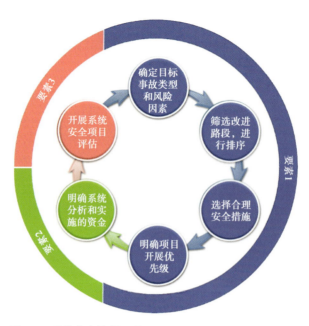

图 6.1 系统安全选择工具

1）要素 1：规划阶段

规划阶段（图 6.1 中的蓝色部分）旨在明确重点事故类型和相关风险因素，评估有效的低成本安全措施，并针对项目投资进行优先级排序。系统安全的规划阶段是系统安全选择工具的第 1 个要素，由图 6.2 所示的 4 个步骤组成。每个步骤都可以根据技术资源的可用性和不同分析方法的可用数据质量和数量进行调整。

图 6.2 系统安全规划阶段

系统安全规划不同于传统网络筛选技术，它是从路网整体范围出发，对其中各个地点进行微观风险评估，分析并识别重点事故类型以及潜在风险因素。然后选择在这些地点可以广泛实施的应对措施，并明确所实施项目的优先级。如图 6.2 所示，本节将针对规划阶段的每个步骤逐一进行介绍。

（1）识别重点事故类型和风险因子

该步骤包括审查整个区域的事故数据并识别潜在风险因素，以便开展进一步分析。潜在风险因素不是指直接导致事故发生的原因,而是指事故发生时的环境特征。这些特征有助于识别可能发生事故的相似地点,以便锁定其位置并进行优先排序。

评估人员需要对事故类型进行系统分析,并识别出道路系统中严重事故数量最多的事故类型。任务目标是在确定重点事故类型之后,分析并明确导致事故发生的关键道路设施种类,再结合道路路段及交叉口特征,以及交通量等进一步明确可能导致重点事故发生的潜在风险因素。例如,路肩面层材料可能是导致车辆转弯时偏离车道的潜在风险因素,但在规则的十字路口则不属于潜在风险因素。表 6.1 中展示了针对弯道、巷道和交叉口等关键位置的潜在风险因素清单。

表 6.1　潜在风险因素清单

潜在风险因素		
道路及交叉口特征	(1)车道数量; (2)车道宽度; (3)路肩宽度和类型; (4)中央分隔带宽度和类型; (5)水平曲率、超高或预警装置; (6)水平曲线密度; (7)水平曲线与切线速度差; (8)弯道处的视觉陷阱; (9)道路坡度; (10)路面状况及摩擦; (11)道路边缘危险等级(可能包括侧滑设计); (12)道路上巷道出入口的存在、设计和密度; (13)路肩或道路中央振荡标线的存在	(14)是否存在照明; (15)是否存在路边停车; (16)交叉口的交角; (17)交叉口交通控制装置; (18)信号灯数量与车道数量是否匹配; (19)是否存在预警装置; (20)交叉口邻近水平弯道; (21)是否存在左转或右转车道; (22)左转相位; (23)是否允许红灯右转行为; (24)吊装信号灯和立杆信号灯; (25)是否存在人行横道、横道宽度以及过街信号灯类型
交通量	(1)日平均交通量; (2)平均每日进出车辆; (3)商用车辆在交通流中的占比	
其他特征	(1)超速限制或运行速度限制; (2)是否存在邻近铁路交叉口; (3)是否存在自动执法服务; (4)相邻用地类型(学校、商业、酒类销售场所); (5)是否存在公交站点及其所在位置	

(2)筛选并优先考虑候选位置

系统安全规划流程步骤 2 的目标是制订一个优先级清单,列出道路系统上可能受益于系统安全改进项目的位置,如道路直线段、弯道段或交叉口,并根据每个地点存在的风险因素对这些道路系统要素进行排序。在这一过程中,风险因素越多,安全投资的优先级越高。

(3)选择对策

系统安全规划流程步骤 3 的目标是汇集少量低成本、高成效的对策。*NCHRP Report 500*系列是汇编安全措施初始清单的建议信息源,可为交通安全措施的选择及其相应成本提供参考。

根据减少重点事故的有效性,降低实施和维护成本,保证措施与机构政策、实践和经验的一致性等,评估和筛选综合清单中的措施。实施已被证明能有效减少事故的对策,机构将更有信心对该项对策进行投资。

最后,将筛选出来的对策进行组合或通过合理搭配在道路系统中进行部署。通常情况下,优先选择适用于重点设施类型的低成本对策。当低成本对策无法有效减少事故时,可以选用已被证实事故减少效果显著的高成本对策。

(4)项目优先级排序

系统安全规划过程最后一步的目标是确定并形成一份安全改进计划优先级清单。这个过程既会考虑在步骤 2 中明确了优先级的关键路段,也会从步骤 3 形成的措施列表中选择最实用的措施,最终形成安全改进项目计划表。

2)要素 2:实施阶段

实施阶段(图 6.1 中的绿色部分)旨在为平衡传统分析法和系统分析法所确定的安全改进项目提供投资框架。安全改进项目的投资不仅需要分配给通过系统分析方法确定的项目,同样也需要分配给通过传统分析方法确定的项目。因此,在完成系统安全规划流程之后,如何分配安全投资成为要素 2 的核心。

系统工具的实施阶段提供了一个框架,以在传统分析法和系统分析法之间确定安全投资的适当比例。该框架可以为项目经理在针对特定事故特征和道路特征时,需要作出投资分配的决策提供支持。由于各个机构都有各自的考虑,框架比规范性程序更灵活,也更加合适。

为了确定传统分析法和系统分析法之间的资金平衡,需要进行 3 方面的工作:a.回顾过去的投资历史;b.制订资金本身的决策方案;c.对系统投资的预期获益进行评估。

3)要素 3:评估阶段

评估阶段(图 6.1 中的红色部分)为系统安全法得出的道路改进方案有效性提供评估指导。系统安全项目评估作为最后一个要素,其作用是为系统安全规划流程提供反馈。通过评估已实施的安全措施,为机构修改和开发其安全方案提供有效信息,以预防和减少严重事故。

系统工具往往根据严重事故历史和其他指标(如风险因素),来确定特定地点的事故发生概率,对策的部署旨在降低事故发生概率。因此,系统安全方案的有效性评估可以通过降低的系统风险进行量化。

系统安全评估流程主要从如下 3 个层面进行,且得到的结果能够回答下列问题:

(1)输出(结果)呈现

①系统安全项目最终呈现的是什么?

②系统安全项目是否有按照预先设定的计划进行实施?

③安全措施是否根据已明确的地点、数量和优先级进行正确部署?

(2)重点事故类型

①措施是否有效减少了指定的重点事故类型?

②严重事故数量是否有下降趋势?

(3)措施效果

针对每种事故类型,相应对策是否有按计划执行?

6.2　交互式道路安全设计模型

6.2.1　交互式道路安全设计模型简介

为了使道路交通安全问题能够从传统的"事后处理"模式转型为"事前预警",避免可能的人身及财产损失,美国 FHWA 于 2000 年发布了交互式道路安全设计模型(Interactive highway safety design model,简称 IHSDM)。该系统可以通过道路设计软件生成的 csv、xml 等文件对所设计道路进行安全评价,设计人员通过评价结果优化道路几何设计,消除安全隐患,减少公路建成后事故的发生和公路改建费用。

IHSDM 是美国 FHWA 设计并研发的道路设计安全评价软件,也是目前国际上唯一一款正式发布的道路设计安全计算机辅助应用软件,主要用于评估公路项目开发过程中道路几何设计安全性与道路交通运行效果。目标用户是公路设计过程中的几何设计决策者,包括项目经理、规划师、设计人员和审查人员。

IHSDM 适用于各种新建(设计阶段)及建成道路。它通过分析设计指标,对设计及设计变更阶段的改扩建项目进行安全性评价,实现事故预测。IHSDM 将道路安全评价与 AutoCAD 结合应用,不仅能够实现道路安全审计的目的,也便于修改与重新评估设计方案,具有较强的实用性。

IHSDM 共包含 6 个模块:政策评估模块、事故预测模块、设计一致性模块、交叉口模块、交通流分析模块和驾驶员/车辆模块(图6.3)。每个模块从不同的角度评估现有或建议的几何设计,并从这个角度对设计的预期安全性和运行性能进行描述。根据每个项目的核心目的,在该项目中选择需要使用的一个或多个模块,设计人员可以随时获取有用的反馈信息,结合模块的结果对现有几何设计或设计方案进行分析与改进,得到更加完善的项目方案。

图6.3　IHSDM 基本框架图

　　IHSDM 的基本操作界面如图6.4所示。其软件系统的数据结构由用户层、项目层和分析层组成,其中项目层应包含与道路安全评估相关的全部数据(图6.5)。主要使用步骤为:首先,新建项目并分析有关公路信息;其次,进行用户属性设置、录入道路数据;接着选择需要的评估模块、补充输入数据和进行参数设置;最后,输出评价结果并分析检验(图6.6)。

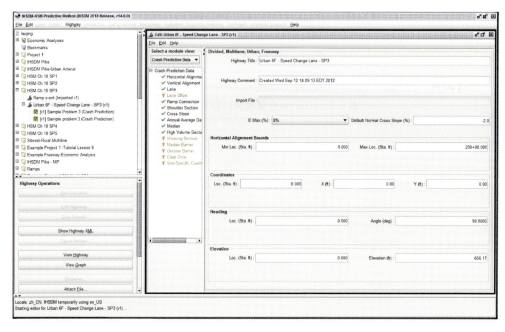

图6.4　IHSDM 的基本操作界面

图 6.5　IHSDM 的数据结构

图 6.6　IHSDM 的主要使用步骤

IHSDM 中数据类型主要分为道路路段数据、交叉口数据和历史事故数据。不同的模块评价道路安全性时,需要的基础数据也不尽相同。模块与数据的适应性如表 6.2 所示。IHSDM 的速度数据类型也需根据模块进行选择。例如,交通分析模块采用的是期望车速;政策评估模块、事故预测模块、设计一致性模块和交叉口模块可采用设计车速;而运行车速,即第 85 分位行车速度则只运用于交叉口模块。

表 6.2　IHSDM 主要模块的数据检查范围

道路数据		政策评估模块	交叉口模块	事故预测模块	设计一致性模块	交通分析模块
一般数据	地形	√				
	等级	√				
	速度	√	√	√	√	√
	交通量	√	√	√		√
	平面	√	√	√	√	√
	纵断面	√	√	√	√	√

续表

道路数据		政策评估模块	交叉口模块	事故预测模块	设计一致性模块	交通分析模块
横断面	横坡	√	√	√		√
	路面	√				
	路肩	√				
车道	行车道	√	√	√		√
	辅助车道	√	√	√		√
	辅路	√	√			
	加宽	√				
路侧	前坡	√				
	后坡	√				
	边沟	√				
	障碍物横距	√	√			√
	自行车设施	√				
	支路密度			√		
	危险等级			√		
其他	事故数据		√	√		
	桥梁	√				
	决策数据	√				

6.2.2 IHSDM 计算模块

（1）政策评估模块

政策评估模块（Policy review module，简称 PRM）的基本功能是根据选定的规范文件，对道路几何设计进行定量检验。通过对比设计数据与相应规范中规定的数据范围，指出不满足规范的路段，以便于设计人员采取相应的修正措施。

PRM 中目前集成了 AASHTO"绿皮书"1990、1994 和 2001 等版本的相关规范文件，政策内容根据 AASHTO 的规范更新而进行定期完善，以确保其评估结果的准确性与及时性。政策文件的选定界面如图 6.7 所示。

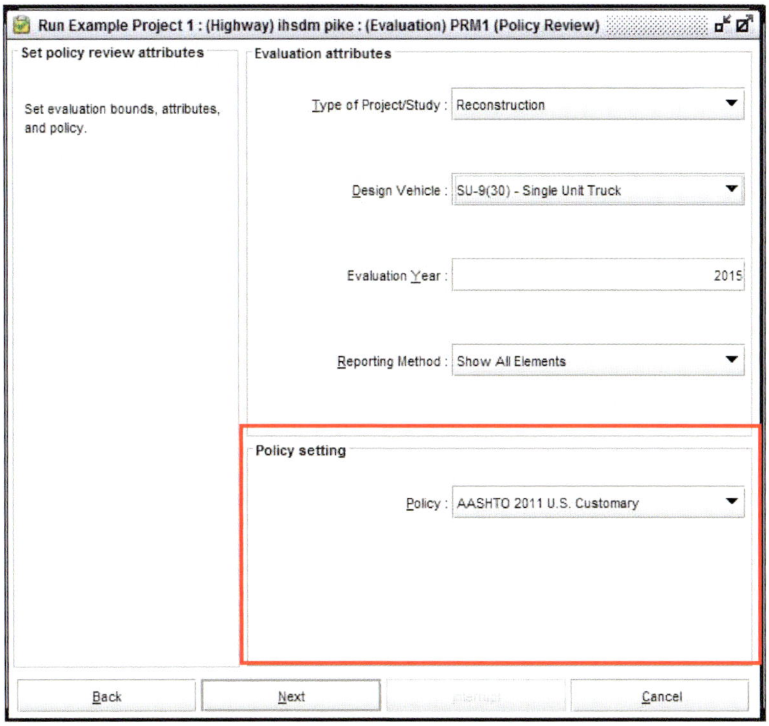

图 6.7　政策文件的选定界面

然而该模块也具有一定的局限性。第一，由于该模块具有的审查数据源于美国 AASHTO 规范，不能直接用于我国的道路设计方案，故其预测结果可能与我国道路设计规范不符。可利用 IHSDM 提供的规范编辑器对相应建议值进行本土化修改后，再进行模块的应用。第二，PCM 模块适用范围较小，目前只针对乡村双车道公路进行分析。

（2）事故预测模块

事故预测模块（Crash prediction module，简称 CPM）的主要功能是在评价同一项目的不同方案时，通过预测路段上可能的事故类型、发生频率以及严重性，来评价和检验道路安全性。CPM 的输出结果是所选路线的总体事故率和道路各分段事故率及其相应描述。设计人员可以根据 CPM 结果选择最优方案，或对需要改进的路段进行针对性优化。

IHSDM 事故预测模型所预测的交通事故可分为仅有财产损失事故和财产损失与人员伤亡均有事故，还可分为单车事故及多车事故。模型通过分析预测以上各种事故，得到所有的事故数量及事故类型。

相较于 IHSDM 其他模块，全球对 CPM 的研究和本土化事故预测因子的应用最为频繁。这是由于 CPM 模块结构简单易懂，适用范围广泛，在道路设计及运营阶段都可以应用。

（3）设计一致性模块

设计一致性模块（Design consistency module，简称 DCM）以度量道路线形设计的整体协调性为目的，使道路设计特征与驾驶员期望特征达到一致，从而提升整体道路设计水平。其核心原理是通过建立对所在路段车辆的第 85 分位运行速度（V_{85}）、自由流车速和大车速度的速度分析模型，来评价路段的速度一致性指标。

在图 6.3 展示的评估过程中，检验道路设计一致性的方法有两种。

第一种是评估第 85 分位运行速度（V_{85}）与设计速度（V_{design}）之差，评估标准分为如下 3 种情况。

①（$V_{85} - V_{\text{design}}$）<10 km/h，表示道路设计一致性良好。

②10 km/h≤（$V_{85} - V_{\text{design}}$）<20 km/h，表示道路设计属于可接受范围。

③（$V_{85} - V_{\text{design}}$）≥20 km/h，表示道路设计一致性较差。

第二种是分析检验相邻竖曲线元素的 V_{85} 变化，如纵坡段（$V_{85\text{Tangent}}$）与相邻曲线段（$V_{85\text{Curve}}$）间速度变化，或相邻两曲线间速度变化。这种方法既能评估道路设计的安全性，还能侧面印证线形的调整是否具有经济效益。根据 FHWA-RD-99-171 乡村双车道公路速度预测，相邻路段速度变化情况分为以下 3 种情况。

①（$V_{85\text{Tangent}} - V_{85\text{Curve}}$）<10 km/h，表示危险性最小。

②10 km/h≤（$V_{85\,\text{Tangent}} - V_{85\text{Curve}}$）<20 km/h，表示危险性中等。

③（$V_{85\text{Tangent}} - V_{85\text{Curve}}$）≥20 km/h，表示危险性最大。

设计一致性程度较高的道路能够满足驾驶员对某一均衡车速的期望，在保障驾驶安全的基础上，为驾驶员提供一个舒适的行车体验。IHSDM 中设计一致性模块对我国整体道路设计水平的提升有很重要的借鉴意义。

（4）交通流分析模块

交通流分析模块（Traffic analysis module，简称 TAM）一方面可以通过评估现有交通与未来预测交通流在同一公路路段上的运营效果，发现不能满足交通需求的问题路段，并采取针对性改善措施；另一方面，TAM 也可以通过评估现有道路设计方案与道路改进方案在同一交通状况下的运营效果，直观判定改进方案的有效性。

在评估报告中可以直接获取不同方案下的跟车时间百分比、平均运行速度、运行时间、交通延误情况等数据。通过对比这些参数，判断最优方案或对现有方案进行有效优化（图 6.8）。

Direction of Travel	Flow Rate from Simulation (vph)	Percent Time Spent Following (%)	Average Travel Speed (mph)	Trip Time (min/veh)	Traffic Delay (min/veh)	Geometric Delay (min/veh)	Total Delay (min/veh)	Number of Passes	Distance Traveled (mi)	Total Travel Time (veh-hrs)
Increasing	415	62	50.0	3.2	0.2	0.3	0.6	0	1,105.6	22.1
Decreasing	410	62	50.7	3.2	0.3	0.3	0.5	0	1,093.0	21.6
Combined	825	62	50.3	3.2	0.2	0.3	0.5	0	2,198.5	43.6

（a）现有道路

Direction of Travel	Flow Rate from Simulation (vph)	Percent Time Spent Following (%)	Average Travel Speed (mph)	Trip Time (min/veh)	Traffic Delay (min/veh)	Geometric Delay (min/veh)	Total Delay (min/veh)	Number of Passes	Distance Traveled (mi)	Total Travel Time (veh-hrs)
Increasing	408	50	52.0	3.1	0.1	0.3	0.5	174	1,091.0	21.0
Decreasing	404	61	50.8	3.2	0.3	0.3	0.5	0	1,077.1	21.2
Combined	812	56	51.4	3.1	0.2	0.3	0.5	174	2,168.1	42.2

（b）改进方案

图 6.8　现有道路和改进方案整体交通评估的表格结果对比

（5）交叉口评估模块

交叉口评估模块（Intersection review module，简称 IRM）通过全面审计交叉口设计，尤其是几何设计参数的组合性能，识别出潜在安全隐患并提出设计改进建议和现状缓解措施。IRM 可将现有道路与新方案评估结果进行对比，判定最优方案。

运行结果报告将列出所有交叉口以及相邻路段的潜在安全隐患，例如大面积交叉口人行道、交叉口左转弯视距不足、平曲线上停车视距不足、交通信号能见度差等，并从位置、等级、名称、种类、设计改进建议以及缓解措施等方面对各个隐患进行详细的诊断分析并提出建议（图 6.9）。

Scope	Status	Concern	Category	Road	Threshold	Comment	Design Improvements	Mitigation Measures
Intersection	Level 2	Large intersection pavement area	Skewed angle	52.9530 (deg)	60.0000 (deg)	Skewed intersection, large vehicle turn path	1. Realign one or more legs. 2. Add channelizing islands. 3. Relocate one or more legs. 4. Close one or more legs. 5. Consider smaller design vehicle. 6. Improve drainage. 7. Realign approach. 8. Increase throat width.	1. Move stop bar.
Leg #1 - SE ihadm pike	Level 1	Loss of control potential due to frequent braking	Safety margin	5 (mph)	6 (mph)	Horizontal curve, Simple Curve 12+861.286 to 13+855.184 direction=left radius=820.21 ft	1. Relocate intersection. 2. Increase curve radius. 3. Provide right-turn lane. 4. Increase superelevation. 5. Improve drainage.	1. Provide more skid resistant pavement. 2. Post advisory speed. 3. Reduce speed limit. 4. Install warning sign. 5. Increase signal clearance on all-red time.
Leg #1 - SE ihadm pike	Level 2	Insufficient SSD on horizontal curve	SSD(horizontal)	187.40 (ft)	642.47 (ft)	Simple Curve 12+861.286 to 13+855.184 direction=left radius=820.21 ft, horizontal curve	1. Increase curve radius. 2. Remove roadside obstacles on inside of curve. 3. Close intersection. 4. Relocate intersection. 5. Provide left-turn lane.	1. Post advisory speed on curve. 2. Reduce speed limit. 3. Install warning sign. 4. Prohibit turns. 5. Install advance warning beacon and sign.
Leg #1 - SE ihadm pike	Level 2	Insufficient SSD on vertical curve	SSD(vertical)	318.64 (ft)	642.47 (ft)	Vertical Point of Intersection 12+877.297 to 13+041.339 vpi=12+959.318 back=-2.00 % fore=-2.50 %, crest vertical curve	1. Lengthen vertical curve. 2. Close intersection. 3. Relocate intersection. 4. Provide left-turn lane.	1. Post advisory speed on curve. 2. Reduce speed limit. 3. Install warning sign. 4. Prohibit turns. 5. Install advance warning beacon and sign.
Leg #1 - SE ihadm pike	Level 2	Insufficient DSD on horizontal curve	DSD(horizontal)	187.40 (ft)	644.00 (ft)	Horizontal curve	1. Increase curve radius. 2. Remove roadside obstacles on inside of curve. 3. Close intersection. 4. Relocate intersection. 5. Provide left-turn lane.	
Leg #1 - SE ihadm pike	Level 2	Insufficient DSD on vertical curve	DSD(vertical)	636.88 (ft)	644.00 (ft)	Vertical Point of Intersection 12+877.297 to 13+041.339 vpi=12+959.318 back=-2.00 % fore=-2.50 %, crest vertical curve	1. Lengthen vertical curve. 2. Close intersection. 3. Relocate intersection. 4. Provide left-turn lane.	
Leg #1 - SE ihadm pike	Level 2	Insufficient visibility to traffic signal	SD(vertical)	566.02 (ft)	605.14 (ft)	Horizontal	1. Realign approach. 2. Remove roadside sight obstructions.	1. Move traffic control device. 2. Install advance warning sign. 3. Provide supplemental traffic control device. 4. Install advance warning beacon and sign.
Leg #1 - SE ihadm pike	Not a concern	Increased crossing distance	Skewed angle	53.6410 (deg)	45.0000 (deg)			
Leg #1 - SE ihadm pike	Not a concern	Approach alignment differs between opposing approaches						
Leg #2 - S route1	Level 1	Insufficient ISD to left (Case B2)	ISD(horizontal)		532.25 (ft)	The required time for the maneuver used in the ISD calculations are for passenger cars only ; skewed intersection, horizontal curve	1. Remove roadside obstacles within sight triangle. 2. Close approach. 3. Relocate approach. 4. Make leg one-way away from intersection. 5. Install channelized right-turn roadway. 6. Provide right-turn acceleration lane. 7. Realign one or more legs. 8. Close one or more legs. 9. Relocate one or more legs. 10. Increase curve radius. 11. Remove roadside obstacles on inside of curve.	1. Remove roadside obstacles within sight triangle. 2. Post advisory speed on major road. 3. Review speed limit on major road. 4. Prohibit right turn. 5. Provide intersection lighting. 6. Provide intersection lighting. 7. Restripe shoulder as right-turn acceleration lane.

图 6.9　交叉口诊断报告

（6）驾驶员/车辆模块

驾驶员/车辆模块（Driver/Vehicle module，简称 DVM）由两个模型组成，一是道路使用者驾驶行为模型；二是车辆动态模型。可以通过此模块模拟在特定的道路条件下，驾驶员的感知、认知以及控制过程来生成车辆转向、制动以及加速的数据输入。同时，根据驾驶员与车辆的行驶状态变化规律对道路条件进行评估，进一步确认路段中是否存在导致车辆失控的情况，识别出车辆失控的道路位置及原因，以便做出相应改进。

以某一现有道路和其改进方案 D 的评估对比为例。图 6.10（a）是针对现有道路产生的图表评估结果，其中提供了横向偏移量、摩擦比、横向加速度和速度等指标的图解，展示了不同数据曲线的变化情况，也可以读取波峰波谷的位置及对应的值。方案 D 的改进措施是将现有道路的所有水平曲线半径更新为政策规定范围的最小值，并拓宽车道和增设路肩。图 6.10（b）是针对改进方案 D 产生的图表评估结果。通过对比图 6.10（a）、（b）评估结果可以发现，方案 D 中横向加速度曲线整体变化相对平缓，速度曲线图中没有发生图 6.10（a）所示的速度陡降的情况。

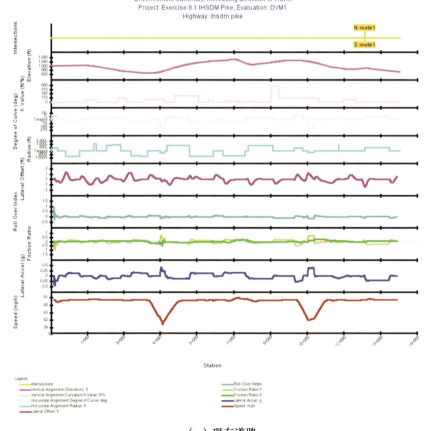

（a）现有道路

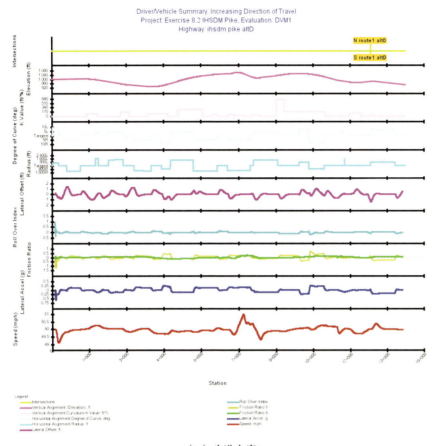

（b）改进方案D

图 6.10   驾驶员/车辆评估模型的方案评估图表结果对比

如图 6.11 所示,对比现有道路和方案 D 的重要变量平均值表格数据,得出结论:现有道路在桩号 10+718.11 的位置出现横向加速度的最大绝对值——0.377 0 *g*,而方案 D 在相同位置出现的横向加速度最大绝对值为 0.272 5 *g*,小于现有道路。因此,在改进方案 D 中道路危险性更低。可以认为方案 D 的改进措施是有效的。

Station	Lateral Offset (ft)	Friction Ratio X	Friction Ratio Y	Roll Over Index	Lateral Friction Demand	Lateral Acceleration (g)	Speed (mph)
10+618.110	0.895	0.122	0.664	-0.144	0.279	0.3593	42
10+718.110	0.367	0.118	0.709	-0.162	0.297	0.3770	42
10+818.110	0.081	0.217	-0.077	0.078	-0.032	0.0391	43

（a）现有道路

Station	Lateral Offset (ft)	Friction Ratio X	Friction Ratio Y	Roll Over Index	Lateral Friction Demand	Lateral Acceleration (g)	Speed (mph)
10+318.110	0.087	0.064	-0.367	0.062	-0.144	-0.2053	50
10+418.110	-0.251	0.075	0.705	-0.219	0.277	0.2725	50
10+518.110	0.182	0.099	0.445	-0.095	0.175	0.2264	50

（b）改进方案D

图 6.11   驾驶员/车辆评估模型的方案评估表格结果对比

6.2.3　IHSDM 应用展望

道路安全是道路设计中不可忽视的重要组成部分,但目前国内尚无较为完整的道路安全评价体系。因此,在道路设计中填补道路安全板块的空白,对减少国内道路的交通事故率,提升道路安全具有现实意义。IHSDM 软件可在设计阶段为道路项目提供定性和定量的评估结果,如运行速度、视距等,为道路方案的优化提供支持。但由于不同国家之间的设计规范不同,有时不能直接采用软件的评价值,但该值可以用于辅助定性分析。事故预测模块应用的道路条件最广,并且模块自带修正模型,可根据道路项目的具体情况,采用修正因子对数据进行修正。而政策评估模块的使用因为基于美国的"绿皮书",其工程应用应根据当地相关规范,使用模块中的规范编辑器进行修改。

对 IHSDM 的软件应用研究应该继续深化,以进一步扩大其应用范围,提升其便利性以及与其他软件的兼容性,更好地服务于我国的道路设计工作。

附录 1 插图目录

附录 2 插表目录

参考文献

［1］智研咨询集团. 2019—2025 年中国交通事故现场勘查救援设备行业市场专项调研及投资战略研究报告［R/OL］. 产业信息网.https://www.chyxx.com/research/201811/695131.html.

［2］中国国家统计局.交通事故死亡人数和汽车保有量数据(1990—2018)［EB/OL］.［2020-04-10］. http://www.stats.gov.cn./

［3］国家安全监管总局,交通运输部. 2017 年道路交通运输安全发展报告［R］,2017.

［4］张大伟,贺锦鹏,孙立志,等. 道路交通事故类型与诱因分析［J］. 汽车工程师,2015(1):13-14.

［5］杨文臣,李立,胡澄宇,等. 不利天气对公路交通安全及交通流的影响研究综述［J］. 武汉理工大学学报:交通科学与工程版,2019,43(5):843-849.

［6］熊静,金志良,王红. 道路条件对交通安全的影响分析［J］. 道路交通与安全,2006,6(12):26-29.

［7］U. S. Department of Transportation, Bureau of Transportation Statistics, National Transportation Statistics (2018)［EB/OL］.［2020 – 05 – 09］. http://www. bts. gov.cn./

［8］World Health Organization. Global launch:decade of action for road safety 2011-2020［R］. World Heacth Organization, 2011.

［9］Fatality Analysis Reporting System .Fatal traffic crashes data (1921—2018)［EB/OL］.［2020 04 12］. http://www. nhtsa.gov. cn./

［10］官阳. 所罗门曲线对车速控制的启示——重温人类研究车速与事故量化关系的起点［J］. 汽车与安全,2017(5):70-72.

［11］Solomon D H. Accidents on main rural highways related to speed, driver, and vehicle［M］. US Department of Transportation,Federal Highway Administration,1964.

［12］Cirillo J A. Interstate system accident research study Ⅱ, interim report Ⅱ［J］. Public roads,1968,35:71-75.

［13］Roads and Traffic Authority of NSW. Speed problem definition and countermeasure summary［R］. Roads and Traffic Authority,2000.

［14］ ETSC. Reducing traffic injuries resulting from excess and inappropriate speed［M］. European Transport Safety Council,1995.

［15］ 王健. 道路环境与驾驶行为［J］. 重庆交通学院学报,1990,9(3):21-29.

［16］ 裴汉杰. 动视力,能见度,车速与安全［J］. 现代交通管理,1994(1):33-35.

［17］ 张志全. 速度与安全［J］. 汽车运用,1995(2):19-20.

［18］ 冯桂炎. 交通管理中的速度控制［J］. 湖南现代道路交通,2000(6):17-19.

［19］ 裴玉龙,程国柱. 高速公路车速离散性与交通事故的关系及车速管理研究［J］. 中国公路学报,2004,17(1):74-78.

［20］ 孙蕊,胡江碧. 车速与交通安全的关系及其管理措施探讨［C］// 中国公路学会 2005 年学术年会论文集(上),2005.

［21］ 贺玉龙,汪双杰,孙小端,等. 中美公路运行速度与交通安全相关性对比研究［J］. 中国公路学报,2010,23:73-78.

［22］ 熊惠,孙小端,贺玉龙,等. 高速公路运行速度与交通安全关系研究［J］. 交通信息与安全,2012,30(6):48-51.

［23］ Herrstedt L. Self-explaining and Forgiving Roads—Speed management in rural areas ［C］//ARRB Conference.2006.

［24］ Porter R J, Donnell E T, Mason J M. Geometric design, speed, and safety［J］. Transportation research record,2012,2309(1):39-47.

［25］ Aarts L,Van Schagen I. Driving speed and the risk of road crashes:A review［J］. Accident Analysis & Prevention,2006,38(2):215-224.

［26］ Pasanen E. Driving speeds and pedestrian safety. Helsinki University of Technology ［J］. Transportation Engineering,Publication,1991,72:101-135.

［27］ Lundy R A. The effect of ramp type and geometry on accidents［J］. Highway Research Board, 1967, 80-119.

［28］ Fitzpatrick K, Blaschke J D, Shamburger C B , et al. Compatibility of design speed, operating speed and posted speed［J］. Texas Transportation Institute, 1995, 103.

［29］ National Highway Traffic Safety Administration (NHTSA),Fatality Analysis Reporting System［R］. Washington,DC,USA,2018.

［30］ Cheng G, Cheng R , Pei Y , et al. Probability of Roadside Accidents for Curved Sections on Highways［J］. Mathematical Problems in Engineering, 2020(4):1-18.

［31］ 孙小端,陈永胜,贺玉龙. 从京津塘高速公路安全评价看中国高速公路交通事故特点及安全改进措施［C］// 国际公路安全研讨会论文集,2005.

［32］ Fatality Analysis Reporting System. Collisions with fixed objects and animals ［DB/OL］.［2021-06-20］. https://www.iihs.org/topics/fatality-statistics/detail/collisions-with-fixed-objects-and-animals/

［33］ 王淑芹. 普通公路路侧护栏端部设计要点［EB/OL］.［2020-04-10］. https：//www.
     fx361.com/page/2020/0410/8073452.shtml.

［34］ Potts I B,Harwood D W,Richard K R. Relationship of lane width to safety on urban
     and suburban arterials［J］. Transportation research record,2007,2023(1)：63-82.

［35］ Porter C,Fink C H,Toole J,et al. Achieving Multimodal Networks：Applying Design
     Flexibility and Reducing Conflicts［R］. Federal Highway Administration（US）,2016.